Gerlinde Knisel-Scheuring

Mit Eltern im Dialog: Gesprächshilfen für Erzieherinnen in Kindergarten und Hort

mit Illustrationen von Susanne Bochem

Verlag Ernst Kaufmann

1. Auflage 2001

Printed in Germany
Umschlaggestaltung: Stefan Heß
Hergestellt bei Dinner Druck GmbH, Schwanau
ISBN 3-7806-2567-9

Inhalt

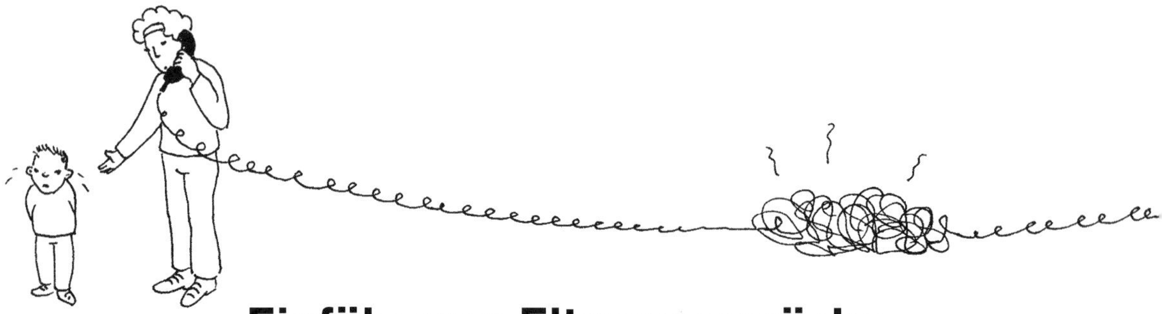

Einführung: Elterngespräche – eine Hauptsäule in der Elternarbeit

Die Arbeit in Kindergarten, Hort und anderen Kindertageseinrichtungen ist gesetzlich verankert im Kinder- und Jugendhilfegesetz (KJHG). Dort ist ausdrücklich definiert, dass sich diese Erziehungs-, Bildungs- und Betreuungsaufgabe an den Bedürfnissen der Kinder und ihren individuellen Situationen zu orientieren hat und dass Erzieherinnen und Eltern zum Wohle des Kindes zusammenarbeiten sollen. Elternarbeit ist somit kein individueller, an den Interessen der einzelnen Erzieherinnen festgemachter Teil einer Einrichtungskonzeption, sondern ein unabdingbar geforderter Bestandteil der täglichen Arbeit.

Erzieherinnen nehmen diesen Auftrag sehr ernst. Sie bemühen sich, Eltern in die tägliche Arbeit mit den Kindern einzubeziehen und versuchen durch verschiedene Angebote – Elternnachmittage, Hospitationen von Eltern in der Einrichtung, Elternabende, Familienfeste u. v. m. – den unterschiedlichen Bedürfnissen der Eltern Rechnung zu tragen. Diese kurze und unvollständige Aufzählung lässt erahnen, wie vielfältig, spannend und auch herausfordernd Elternarbeit im pädagogischen Alltag ist.

Zur Elternarbeit gehört neben allen anderen Angeboten auch das persönliche Gespräch, denn es spricht nicht Eltern in der Mehrzahl an, sondern jedes spezielle Elternpaar oder einen Elternteil und das dazugehörige Kind. Diese Gespräche sind individuell und nehmen die ganz besondere Situation *einer* Familie in den Blick.

Dieser Ratgeber möchte Ihnen Mut machen, in den Dialog mit Eltern einzusteigen, und Ihnen anhand von praxisnahen Beispielen grundlegende Informationen vermitteln, damit Elterngespräche in Ihrem Alltag und in Ihrer Einrichtung erfolgreich gelingen können.

Der Begriff Eltern umfasst hier alle Personen, die mit der Erziehung des Kindes betraut sind. – Die Bezeichnung Erzieherin benutze ich stellvertretend für alle pädagogisch tätigen Kräfte.

Gerlinde Knisel-Scheuring

Elterngespräche als Dialog mit Eltern verstehen

„Wo kommst du her?", fragte der König.
„Aus den Klüften", versetzte die Schlange, „in denen das Gold wohnt."
„Was ist herrlicher als das Gold?", fragte der König.
„Das Licht", antwortete die Schlange.
„Was ist erquicklicher als das Licht?", fragte jener.
„Das Gespräch", antwortete diese.

Johann Wolfgang von Goethe, Das Märchen

Gespräche mit Eltern finden in vielfältiger Form statt – als Informationsgespräche, Aufnahmegespräche, Telefongespräche, als „Tür-und-Angel-Gespräche", „Nebenbei-Gespräche", Termingespräche oder Gespräche über die Entwicklung und das Verhalten der Kinder. Sie sind, so gesehen, selbstverständlicher Bestandteil der täglichen Arbeit.
Auffällig ist jedoch, dass kein anderer Teil der Elternarbeit bei Erzieherinnen so viele widersprüchliche Gefühle auslöst, wie diese Elterngespräche. Sie werden zwar als unverzichtbar, oft aber auch als problematisch beschrieben. Vor allem bei Elterngesprächen, in denen unangenehme Probleme, wie Entwicklungs- oder Verhaltensauffälligkeiten bei Kindern, oder Konflikte (z. B. unterschiedliche Auffassungen über den Erziehungsstil, permanente Unpünktlichkeit der Eltern usw.) angesprochen werden müssen, fühlen sich Erzieherinnen oft nicht wohl. Demzufolge werden solche Gespräche hinausgezögert und erst als letztes Mittel eingesetzt, wenn sich die Situation schon zugespitzt hat. Dann aber stehen beide Seiten sehr unter Druck. Die Erzieherin, weil sie sich bis an den Rand ihrer Kräfte verausgabt hat, und die Eltern, weil sie wissen oder zumindest ahnen, dass es Probleme gibt, und Angst vor „Erziehungsratschlägen" haben, die mit Forderungen und versteckten Schuldzuweisungen verbunden sein könnten.

Weiter fällt auf, dass kaum positiv motivierte Elterngespräche stattfinden oder dafür selten ein Termin ausgemacht wird. Mitteilungen mit positiven Inhalten, die als Verstärker und ermutigend wirken, werden, wenn überhaupt, in kurzen Tür-und-Angel-Gesprächen weitergegeben. Dieses Handeln verstärkt das Grundmuster: Da Elterngespräche nur unter dem Fokus Problemorientierung stattfinden, sind sie weder für die Erzieherin noch für Eltern erstrebenswert, werden möglichst lange hinausgezögert, finden dann unter einem enormen (Erwartungs-)Druck statt und verlaufen deshalb meist unbefriedigend. Diese negative Erfahrung bleibt haften – auch beim nächsten Fall wird das Gespräch hinausgezögert. Inzwischen staut sich wieder Frust und Ärger an und ein Gespräch wird wieder von beiden Seiten als wenig konstruktiv und hilfreich erlebt.
Bis – ja, bis die Erzieherinnen sich aufmachen, um herauszufinden, worin das Geheimnis erfolgreicher Elterngespräche liegt.

Teamsitzung im Kindergarten zum Thema Gesprächsführung

Das Team unseres Kindergartens trifft sich regelmäßig zu gemeinsamen Dienstbesprechungen, in denen Alltagsfragen, organisatorische Angelegenheiten und neue Entwicklungen besprochen, aber auch gezielt bestimmte Themen und Fragestellungen diskutiert werden.
Aus aktuellem Anlass – Unzufriedenheit unter den Erzieherinnen darüber, wie zurzeit die Elterngespräche verlaufen – steht das Thema ‚Schwierige Elterngespräche erfolgreich führen' auf der Tagesordnung.
Das Team des Kindergartens besteht aus: Laura, der Leiterin, den Erzieherinnen Jasmin, Karin, Rita und Ulrike, dem Anerkennungspraktikanten Tim und der Vorpraktikantin Aische.

Die Leiterin des Kindergartens, Laura, eröffnet die Runde:
„Heute wollten wir uns ja Zeit nehmen und ausführlich darüber diskutieren, wie es uns gelingen kann, schwierige Elterngespräche so anzugehen, dass wir ein gutes Gefühl dabei haben."
„... Damit sich dadurch auch wirklich etwas ändert", meldet sich Rita gleich zu Wort. „Ich habe es satt, immer nur zu predigen und letztendlich machen die Eltern gerade so weiter wie vorher auch."
„– oder kommen erst gar nicht", wirft Karin ein, „wie Familie H. Schon drei Mal haben die unseren Termin platzen lassen. Und dabei braucht M. wirklich dringend Hilfe, aber wenn ich nicht an die Eltern rankomme, was soll ich dann machen?"
Bevor noch mehr Kolleginnen ihrem Ärger Luft machen können, ergreift die Leiterin wieder das Wort:
„Halt, halt, das haben wir ja alles schon letztes Mal diskutiert. Ich denke, uns allen ist klar, was uns stört und was wir gerne ändern würden, das brauchen wir jetzt nicht noch einmal alles aufzuzählen. Heute geht es darum, konstruktive Lösungen zu suchen, also zu überlegen, wie ich schon zu Beginn gesagt habe, wie es uns gelingen kann, Eltern zu Ge-

sprächen einzuladen, und zwar so, dass sie sich wirklich angesprochen fühlen und zu uns kommen und sich im Gespräch auch noch wohlfühlen."

Nach zustimmendem Nicken der Kolleginnen fährt sie fort:

„Ich hatte mich zur Vorbereitung ja zu diesem Kurs zum Thema ‚Schwierige Gespräche mit Eltern erfolgreich meistern' angemeldet und versprochen, dass ich die Inhalte heute vorstelle und mit euch diskutiere. Also, seid ihr bereit für einen kurzen Vortrag?"

Die Kolleginnen sind einverstanden und so führt Laura ihre neu gewonnenen Kenntnisse näher aus.

Das Gespräch als lebendiges Geschehen

„Eigentlich hatte ich – wie ihr sicherlich auch – die Erwartung, dass ich in dieser Woche verschiedene ‚Gesprächstechniken' kennen lernen würde, die ich einerseits selbst anwenden und andererseits an euch weitergeben kann.

Die Techniken der Gesprächsführung wurden auch in beeindruckender Weise vermittelt – darauf komme ich später noch zurück. Aber als wichtigste Erkenntnis habe ich für mich mitgenommen, dass ein Gespräch zwischen zwei Menschen immer ein lebendiges Geschehen bleibt, das geprägt wird von der individuellen Persönlichkeit der Beteiligten. Letztendlich kann und soll es nicht im Sinne eines idealen und perfekten Dialogs im Voraus konstruiert und eingeübt werden. Ich fand das im Grunde beruhigend, denn gerade die Lebendigkeit ist es ja, die unsere Arbeit ausmacht.

Trotzdem ist es natürlich richtig und sinnvoll, sich mit den Grundlagen der Gesprächsführung und den Techniken zu beschäftigen. Denn es gibt durchaus bewährte Elemente und Grundhaltungen, die positives Kommunikationsverhalten begünstigen. Wenn wir diese kennen lernen und sie uns aneignen, können wir unseren Kommunikationsstil wirklich entscheidend verbessern.

Dazu müssen wir die Grundtechniken in den bisherigen, uns eigenen Kommunikationsstil integrieren. Wenn uns das gelingt, können wir sie im konkreten Gespräch sinnvoll anwenden und einsetzen. Das gibt uns Sicherheit und ein gutes Gefühl – auch für schwierige Gespräche.

Ich hatte während des Seminars eine ganze Woche Zeit, mich auf dieses Thema einzulassen und vorzubereiten. Und ich finde, *wir* sollten uns *auch* längerfristig damit beschäftigen. Es genügt nicht, die Prinzipien und deren Wirkungen nur im Vortrag zu hören oder sich anzulesen. Damit wir sie konkret anwenden können, müssen sie verstanden, d. h. begriffen werden, und zwar durch ganzheitliche Erfahrung mit allen Sinnen.
Ich möchte euch deshalb zunächst die einzelnen Theorien erläutern und sie dann mit konkreten Beispielen untermauern. Danach könnten wir uns Zeit nehmen und sie durch Rollenspiele für euch erfahrbar und erfühlbar machen.
Wenn ihr einverstanden seid, werden wir also in den nächsten Wochen in unterschiedlichen Zusammensetzungen verschiedenste Gesprächssituationen und Konstellationen nachstellen und ausprobieren.
Ziel unserer Anstrengungen soll dabei sein, uns – auf der Grundlage vorhandener Kommunikationsregeln – eigene Gesprächshilfen, also unsere spezifischen Grundsätze, zu erarbeiten. Diese Regeln setzen wir dann flexibel und orientiert an der jeweils besonderen Problemstellung und bei den betroffenen Eltern ein.
Dabei müssen wir überprüfen, ob die einzelnen Grundsätze mit unserer Persönlichkeit vereinbar sind, beispielsweise mit dem Temperament der Erzieherin, die sie nutzen will. Einigen von uns wird es bestimmt leicht fallen, geduldig und aufmerksam zuzuhören. Andere dagegen haben vielleicht ein akutes Anliegen und wollen schnell und möglichst direkt zum Ziel kommen.
Deshalb müssen wir bei der Erarbeitung unserer spezifischen Gesprächshilfen Folgendes bedenken: Wenn Kommunikation gelingen soll, genügt es nicht, mehrere gute Gesprächstechniken zu kombinieren und anzuwenden. Die Technik muss zwingend mit der inneren Einstellung und Haltung der Sprechenden übereinstimmen.

Wenn wir geeignete Techniken zur Gesprächsführung suchen, müssen also zwei Fragen beantwortet werden:

Welche Kommunikationsweise ist in welcher Situation für welchen Gesprächspartner angemessen? Und welche Gesprächsmethoden eignen sich am besten als Ergänzung und Korrektur meines schon vorhandenen individuellen Kommunikationsstils?
Letzteres ist sehr wichtig. Die Einsicht basiert auf der Erkenntnis von KommunikationsforscherInnen. Sie fanden heraus, dass unser Sprachverhalten sehr eng mit unserer Persönlichkeit verwoben ist. Es ist Ausdruck und Ergebnis langjähriger Erfahrungen und Lernprozesse, die unser Erleben und Denken nachhaltig geprägt haben. Die zugrunde liegenden Muster in unserem Kommunikationsverhalten sind demnach Teil der eigenen Lebens- und Lerngeschichte und erfahrungsgemäß nur schwer und nicht beliebig veränderbar. Dies zu bedenken ist wichtig. Neue Muster können also nur erlernt und praktiziert werden, wenn sie mit unserem bisherigen Sprachstil korrespondieren.
Jemand, der unsicher ist und im Umgang mit anderen Schwierigkeiten hat, sich zu behaupten oder seine berechtigten Forderungen durchzusetzen, wird sich in der Auseinandersetzung mit dem Thema Gesprächsführung mit anderen Kommunikationsmustern beschäftigen, als eine Kollegin, die aus dem Gefühl der inneren Sicherheit heraus eher dazu neigt, ihren GesprächspartnerInnen klar zu sagen, wie sie sich zu verhalten haben und was das Beste für sie und die Kinder ist.
Wichtig ist, dass jede sich selbst bewusst macht, wo ihre jeweiligen kommunikativen Stärken und Schwächen liegen. Erstere können verfeinert, letztere abgeschwächt werden.

Innerhalb dieser Lernprozesse ist außerdem die Bereitschaft notwendig, eigene Einstellungen, Werthaltungen und das eigene Menschenbild zu überdenken und sich auf eine Auseinandersetzung mit der beruflichen Rolle, ihren Möglichkeiten und Grenzen einzulassen. Denn diese Faktoren prägen jede Begegnung, jedes Gespräch mit Eltern, Kolleginnen und auch Kindern. Nur wenn wir uns das immer wieder bewusst machen, können wir unsere Einstellungen gegebenenfalls korrigieren und modifizieren.
Das wird uns sicher keine großen Schwierigkeiten machen, denn in der täglichen Arbeit mit den Kindern praktizieren wir diese Reflexionsprozesse

ständig. Wir müssen nur lernen, dies genau so selbstverständlich in der Arbeit mit Eltern und im Umgang mit Kolleginnen zu tun.

Voraussetzung für die gelingende Gesprächsführung ist also die intensive Beschäftigung mit der Theorie und der Praxis. Dann müssen wir eigentlich nur noch die Elemente herausfinden, die unsere vorhandenen Stärken stützen und unsere Schwächen abmildern. In gewisser Weise soll euch also die ‚Anleitung zur Gesprächsführung' sensibler machen für den eigenen Gesprächsstil. Ihr müsst euer Handeln bewusster wahrnehmen und überdenken, um es wirksamer zu gestalten. Als ‚Kontrolle über das eigene Verhalten' könnten wir somit ein wichtiges Ziel definieren.
Das Wissen um Kommunikationsregeln soll aber in keinem Fall zu einem starren Rollenverhalten führen und die Spontaneität zerstören. Denn – erinnern wir uns: Das Gespräch ist ein lebendiges Geschehen und nicht völlig planbar."

Reaktionen im Team

Nach diesem längeren Vortrag von Laura sind die Kolleginnen doch etwas mitgenommen und erst einmal überfordert.
„Das klingt aber alles ziemlich kompliziert", fasst Rita ihre Stimmung in Worte.
„Da hast du Recht", gibt Laura zu. „Mir war nach der Woche auch klar, dass wir das nicht einfach in einer kurzen Dienstbesprechung abhandeln können. Damit müssen wir uns wirklich länger und ausführlicher beschäftigen."
„Aber so neu ist es nun auch wieder nicht," meint Jasmin. „Bei den Grundsätzen, die wir für die Arbeit mit den Kindern formuliert haben, haben wir die Auseinandersetzung mit unseren Einstellungen, Wertvorstellungen und unterschiedlichen Temperamenten ähnlich behandelt. Ich glaube, dass da gar nicht so viel Neues auf uns zu kommt."
„Stimmt", sagt Laura. „Ich hatte auch oft den Eindruck, dass wir vieles schon praktizieren."

„Aber mit den Elterngesprächen kommen wir trotzdem nicht so recht weiter", wirft Karin ein. „Ich finde, wir sollten schon beim Thema bleiben. Ich zum Beispiel habe wirklich schwierige Kinder und die Eltern kommen einfach nicht vorbei!"
„Vielleicht liegt es gerade daran, dass du die Eltern nicht wirklich zu einem ‚lebendigen Gespräch' einlädst, wie Laura es genannt hat", gibt Jasmin zu bedenken. „Stattdessen hast du eine klare und rigide Erwartungshaltung. Du weißt genau, was du willst – nämlich, dass die Eltern deine Schwierigkeiten lösen."
„Was heißt hier: meine Schwierigkeiten", braust Karin auf. „Ich habe Kinder, die völlig vernachlässigt werden und die dringend Hilfe brauchen. Ich tue wirklich, was ich kann, aber die Eltern kann ich nicht ersetzen."
„Das verlangt doch auch niemand von dir", entgegnet Jasmin. „Und das habe ich auch nicht gesagt. Ich meine nur ..." –

„Euer Dialog ist wirklich interessant und bietet mir eine gelungene Überleitung für meine erste Theorieeinheit", unterbricht Laura die beiden. Seid ihr damit einverstanden, dass wir uns erst noch etwas mit der Theorie beschäftigen, bevor wir diskutieren?"
Zustimmendes Nicken, auch von Jasmin und Karin.

„Bevor ich beginne, möchte ich euch noch einen kurzen Überblick geben über die Inhalte, die wir in der Woche erarbeitet haben:
Zunächst haben wir uns mit Carl Rogers beschäftigt. Er gilt als der wichtigste Vertreter positiver Kommunikationsstrategien und prägte im Sinne der humanistischen Psychologie das Menschenbild partnerzentrierter Gesprächsführung. Nahezu alle Theorien und Anleitungen zur Gesprächsführung, die sich auf die Kommunikation in pädagogischen und helfenden Berufen, im partnerschaftlichen und familiären Bereich sowie im Rahmen der MitarbeiterInnenführung beziehen, sind maßgeblich von ihm beeinflusst und geprägt worden. Die von ihm beschriebenen Gesprächsvariablen gelten gemeinhin als Quintessenz jeder Gesprächsgestaltung.

Als zweite entscheidende Einheit wurden die ‚Vier Seiten einer Nachricht' von Friedemann Schulz von Thun analysiert. Er ist Professor an der Universität Hamburg und erforscht seit Jahren kommunikationspsychologische Zusammenhänge. Sein 3-bändiges Werk ‚Miteinander reden' solltet ihr unbedingt lesen.
Aber heute sollen uns erst einmal die Informationen über Carl Rogers genügen. – Seid ihr bereit?"

Partnerzentrierte Gesprächsführung

„Für Rogers ist Kommunikation immer zwischenmenschliche Begegnung. Deshalb beschreibt er nicht nur konkretes Sprachverhalten, sondern setzt sich insbesondere mit den Einstellungen und Haltungen auseinander, die ein Gespräch zu einem guten Gespräch werden lassen.
Er hat die Begriffe Empathie, Akzeptanz und Kongruenz geprägt, die heute in keinem pädagogischen Vokabular mehr fehlen. Ihre Bedeutung wollen wir uns neu vergegenwärtigen. Zudem müssen die drei Bedingungen zwingend miteinander verknüpft werden, denn das ist nach Rogers die Grundvoraussetzung für ein gelingendes Gespräch.

Empathie ist die Fähigkeit, akzeptierend zuzuhören, worunter Rogers versteht, dass wir unser Gegenüber ohne Wertung anerkennen, ihm vorurteilsfrei zuhören mit der inneren Bereitschaft, ‚ein Gefährte in der inneren Welt des Gegenübers' werden zu wollen. Ziel ist es dabei, die Sicht des Gegenübers wirklich verstehen zu wollen.
Konkret bedeutet das: Die Erzieherin hört den Eltern aufmerksam zu, geht auf sie ein und reflektiert die Gedanken und Gefühle der Eltern. Damit sie offen sein kann für die Sicht der Eltern, stellt sie ihre eigenen Meinungen, Wertungen und Emotionen zunächst zurück. Eltern fühlen sich durch akzeptierendes Zuhören angenommen und verstanden. Sie müssen keine Energie in Verteidigungsreden stecken und werden dadurch offener, zugänglicher und sind bereit, die Sicht der Erzieherin zu hören und Kompromisse zu machen oder Verhaltensänderungen in Erwägung zu ziehen.

Beide Punkte – Empathie und Akzeptanz – lassen sich jedoch nicht realisieren, wenn die Erzieherin nicht ehrlich und aufrichtig ist. Diese Methode kann nur stimmig angewandt werden, wenn die Erzieherin auch innerlich bereit ist, vorurteilslos und wertfrei die Sicht des Anderen anzuhören.
Das bezeichnet man mit dem Begriff Kongruenz: Echt bin ich, wenn meine innere Haltung und mein äußeres Tun übereinstimmen. Ich vermittle klare Botschaften, die meine tatsächliche Meinung widerspiegeln, denn nur dann stimmen verbale Aussage, Gesichtsausdruck und Körperhaltung überein. Auf diesen Punkt werde ich später noch ausführlich zurückkommen.

Im Gespräch mit den Eltern sollte also durchaus Offenheit herrschen: Die Erzieherin reagiert als greifbare und ehrliche Person, drückt ihre Gedanken und Gefühle aus, übernimmt Verantwortung für ihre Bedürfnisse, Einstellungen und Emotionen und wirkt so als Verhaltensmodell für die Eltern. Sie macht Aussagen über ihr eigenes Erleben und Verhalten in der jeweiligen Situation bzw. gegenüber dem (Problem-)Kind oder den Eltern. Wenn sie in Ich-Botschaften spricht und eine eindeutige Trennung zwischen Person und Verhalten vornimmt, werden sich Eltern nicht angegriffen oder abgelehnt fühlen, sondern das Interesse der Erzieherin, eine (Verhaltens-)Änderung herbeizuführen, verstehen.
Rogers betont ausdrücklich, dass nicht die Methode ausschlaggebend ist, sondern die innere Haltung. Einfühlsames Verstehen kann nicht gelingen, wenn ich selbst ein dringendes Anliegen habe. Selbst wenn ich meine Stimmung und mein Anliegen unterdrücke, weil ich im Sinne der Methode ‚zuhören' will, werde ich trotzdem nichts ‚verstehen', sondern innerlich mit meinen Gedanken beschäftigt sein. Unbewusst werde ich auf ein bestimmtes Stichwort achten, das mir Gelegenheit gibt, doch meine Sicht der Dinge anzubringen, und ich werde mit Sicherheit auch (oft durchaus unbewusst) darauf regieren.

Erinnern wir uns an den Dialog von Jasmin und Karin. Karin ist erfüllt von ihrer Sorge um ihre schwierigen Kinder. Sie hat ganz bestimmte Lösungen für die Probleme der Kinder im Kopf und sucht nach einer guten Methode,

um die Eltern davon zu überzeugen, dass sie genau diese Lösungen begreifen und anwenden. Sie nimmt meinen Vortrag unter diesem Fokus wahr, d. h. sie sucht nach diesem Schlüssel. Alles andere ist für sie nicht so wichtig. Die Gedanken darum herum sind für sie eher Umwege. Deshalb wollte sie zum eigentlichen Thema, das für sie ‚Anleitung zur Gesprächsführung' heißt, zurück.
Anders Jasmin. Sie hat kein dringendes Anliegen und kann sich freier auf meine Ausführungen einlassen. Für sie sind alle anderen Überlegungen ebenso passend."

Reaktionen im Team

Karin nickt etwas nachdenklich.
„Was du da ausführst, macht mich schon betroffen. Vor allem die Forderung, mich auf die Sicht der Eltern einzulassen bzw. diese wertfrei anzuhören. Wenn ich mir bloß vorstelle, was mir Frau H. vorjammern wird – da kann ich nicht ruhig bleiben, geschweige denn mich einfühlen. Und außerdem finde ich es einfach zu schlimm, wie sie ihre Kinder vernachlässigt. Ich kann und will das nicht akzeptieren", fügt sie mit Nachdruck hinzu.
„Deine Gefühle in diesem Fall kann ich gut verstehen", entgegnet Laura, „und es ist auch wichtig, dass du sie wahrnimmst und sie ausdrückst, denn nur so kommst du dir selbst näher. Wie es dir dann gelingen kann, trotzdem in einen positiven Dialog mit der betroffenen Mutter zu kommen, werden wir noch erarbeiten. Kannst du deine Bedenken etwas zurückstellen?
Für heute hatte ich vor, nach einer kurzen Pause noch die Thesen von Rogers vorzustellen."
Karin nickt: „Ich glaube auch, dass es mir gut tut, noch mehr Theorie zu hören. Und auch die Meinung der anderen." Sie blickt auffordernd in die Runde.
„Aber erst nach der Pause", meint da Ulrike schnell, „ich brauche jetzt erst mal eine Brise frische Luft!"

Nach der erholsamen Pause treffen alle wieder im Besprechungszimmer ein.
Laura ergreift wieder das Wort:
„Ich möchte noch einmal auf Rogers zurückkommen und auf seine drei Faktoren, die nach seinen Erkenntnissen im Gespräch die Grundlagen dafür schaffen, dass sich Rat Suchende angstfrei und ohne Abwehr auf sich selbst konzentrieren und so allmählich ihre Probleme neu sehen und schließlich bewältigen können.
Als Erstes betont Rogers, dass wir uns mit Wertschätzung füreinander öffnen müssen, damit das Gespräch gelingen kann. Wir sollten alles, was die Rat Suchenden – in unserem Fall also die Eltern – empfinden, denken, fühlen und ausdrücken mit Bereitschaft, ohne Bewertung und vorurteilsfrei akzeptieren. Um dieses einfühlsame Verstehen praktizieren zu können, müssen wir in Elterngesprächen, in denen wir ja oft die Rolle der Beraterinnen einnehmen, unsere Sicht der Dinge zurückstellen und versuchen, uns ganz in die subjektive Welt unserer Gesprächspartner einzufühlen. Das bedeutet, dass wir uns die Situation der Eltern vergegenwärtigen und versuchen, uns in sie hineinzuversetzen.
In diesem Zusammenhang ist mir eine indianische Weisheit, die ich einmal gelesen habe, wieder eingefallen. Sie lautet sinngemäß: ‚Du kannst mich nur dann verstehen, wenn du einen Tag in meinen Mokassins gegangen bist.'

Rogers hat seine Forderung mit Thesen untermauert, die zwischenzeitlich als gesichert angesehen werden. Ich möchte sie euch nun gerne im Einzelnen erläutern.

Individuelle Wahrnehmung

Eine der wichtigsten Thesen besagt, dass Menschen ausschließlich individuell wahrnehmen können:
Jeder Mensch lebt in einer subjektiven Welt, die von seinen individuellen Wahrnehmungen und Erfahrungen geprägt ist. Eine bestimmte Situation

kann deshalb von mehreren Menschen, aufgrund ihrer bisherigen Erfahrungen und ihrer momentanen Bedürfnislage, völlig unterschiedlich erlebt werden.
Im Kindergarten haben wir das täglich vor Augen.

Ein einfaches Beispiel: Tanja und Susanne, zwei Erzieherinnen, beobachten eine Kindergruppe, die im Garten spielt. Einige Kinder sind barfuß. Susanne, die selbst leicht friert und sich öfter eine Erkältung einfängt, möchte dass die Kinder ihre Schuhe wieder anziehen, während Tanja der Meinung ist, dass Barfußlaufen den Kindern gut tut und sie gerade dadurch gesund bleiben.

Auch Spielsituationen werden auf unterschiedliche Weise interpretiert. Besonders deutlich wird das oft nach einer Fortbildung. Sensibilisiert für ein bestimmtes Thema, zum Beispiel geschlechtsspezifische Erziehung, fallen uns Verhaltensweisen an uns und bei den Kindern auf, die wir vorher so nicht wahrgenommen haben, oder wir betrachten Bilderbücher mit anderen Augen.
Wie unterschiedlich dieselbe Beobachtung wirkt und interpretiert werden kann, wird auch deutlich, wenn mehrere Personen durch ein Fenster zwei Menschen beobachten, die sich unterhalten. Da sie nicht verstehen können, was die beiden zueinander sagen, werden sie aus Mimik, Gestik und Körperhaltung versuchen zu erschließen, was sie sehen. Fast automatisch bilden sich dabei in ihren Köpfen bestimmte Vorstellungen und Meinungen bezüglich des Gesprächsinhaltes und der damit verbundenen Gefühle.
Wir können uns leicht vorstellen, dass diese Interpretationen sehr unterschiedlich ausfallen. Genau das ist wichtig und beachtenswert. Denn die Zuschreibungen, die in den Köpfen der ZuschauerInnen getroffen werden, sind Konstruktionen, die im eigenen Kopf stattfinden. – Mit den Motiven und Gefühlen, die die agierenden Personen tatsächlich bewegen, haben sie unter Umständen gar nichts gemein.

In Psychologie und Pädagogik wurden dafür die Begriffe von der Wirk-

lichkeit I. und II. Ordnung geprägt und es wird zwischen ‚harter' und ‚weicher' Wirklichkeit unterschieden. Eine Wirklichkeit I. Ordnung, die so genannte harte Wirklichkeit, umspannt alle Gegebenheiten, die unverrückbar feststehen oder festliegen und als durch die Naturgesetze bestimmt betrachtet werden. Eine Wirklichkeit II. Ordnung – die ‚weiche' Wirklichkeit – ist dagegen subjektiv geprägt durch eigene Wünsche, Absichten, Beschreibungen und Überzeugungen.

Die Fachliteratur verdeutlicht dies anhand einer Familienszene:

Vater und Mutter stehen am Bett ihres 22-jährigen Sohnes Hans. Er ist nicht zur Universität gegangen, sondern im Bett geblieben, obwohl eine wichtige Prüfung anstand.
Die Familie hat sicher keine Schwierigkeiten damit, sich über die Tatsachen der harten Wirklichkeit zu einigen – Hans liegt in einem Bett, das Bett hat eine Matratze usw. Bei der Deutung und Bewertung aber, warum Hans nicht an der Uni ist, sondern im Bett liegt, wird es schwieriger. Hans selbst ist vielleicht der Ansicht, er sei vom vielen Lernen erschöpft und ausgepowert. Der Vater dagegen hält Hans für einen Faulpelz und Drückeberger, der sich vergnügt hat, statt zu lernen, und jetzt, da die Prüfung ansteht, kneifen will. Die Mutter schließlich glaubt, dass Hans krank ist und deshalb nicht zur Prüfung gehen kann.

Das Beispiel zeigt, welch gravierende Unterschiede es in den Beschreibungen der so genannten weichen Wirklichkeit geben kann.
Es ist wichtig, sich diese Erkenntnis immer wieder zu vergegenwärtigen, denn die Phänomene, mit denen wir es in unserer pädagogischen Arbeit zu tun haben – Verhaltensweisen und -auffälligkeiten von Kindern, Begabungen usw. – fallen oft in den Bereich der ‚weichen' Wirklichkeit, der Wirklichkeit II. Ordnung.
Welche Ansichten, Meinungen, Interpretationen oder Deutungen wir selbst oder die Eltern zu bestimmten Themen oder zu den Kindern im Kopf haben, hängt von unseren Vorerfahrungen, unserem Wissen und vielem mehr ab."

Reaktionen im Team

„Das kann ich voll und ganz unterstützen“, meint Jasmin. „Denkt doch mal an den Lennard, über den wir in der letzten Sitzung gesprochen haben. Über ihn gab es fast so viele Ansichten, wie wir Kolleginnen sind.“

„Da hast du Recht“, stimmt Rita ihr zu.

„Und wenn es um die türkischen Kinder geht, könnt ihr oft gar nicht nachvollziehen, was da Sache ist“, meldet sich unerwartet Aische zu Wort. „Für die Mädchen ist es einfach selbstverständlich, dass sie ihre Brüder an- und ausziehen. Wenn ihr dagegen wollt, dass sie das nicht mehr tun, sind sie verunsichert. Da solltet ihr ein bisschen toleranter sein“, fügt sie mit Seitenblick auf Rita hinzu.

„Dazu wollte ich gerade noch etwas ergänzen“, sagt Laura, und zwar wie die Experten verdeutlichen, inwieweit diese Konstruktionen – die so genannten weichen Wirklichkeiten – eingebettet sind in biologische Voraussetzungen, in kulturelle Bedingungen und in Tradition und Sozialisation. Das betrifft genau den Punkt, den du gerade ansprichst, Aische. Die Fachleute nutzen dazu das Bild von einem Haus.

Wahrnehmung und Persönlichkeit

Die neuronale Ebene – auf der wir Sinnesreize aufnehmen und verarbeiten – ist in diesem Bild das Fundament unseres Hauses. Alle Menschen haben dasselbe Fundament, denn wir alle können die Welt nur durch unser begrenztes menschliches Sinnes- und Nervensystem wahrnehmen. Diese unsere biologischen Voraussetzungen verbinden uns mit allen anderen Menschen.

Die Tatsache beispielsweise, dass die Rezeptoren des Auges immer einen Lichteindruck melden, selbst wenn das Auge einen Schlag erhält – im Volksmund wird dies als ‚Sternchen sehen‘ bezeichnet –, verdeutlicht ebenfalls die Abhängigkeit der Wahrnehmung von unserer biologischen Ausstattung.

Aus den archetypischen Vorstellungen, der ‚geistigen Erbmasse', die uns mit unseren Vorfahren und allen Menschen verbindet, bauen wir das Erdgeschoss unseres Hauses. Archetypen kennt ihr ja aus der Diskussion um die Märchen und den wichtigen Beitrag, den Carl Gustav Jung (1875–1961) geleistet hat. Mit Archetypen sind alle Faktoren gemeint, die bei allen Menschen bestimmte und immer wieder auftretende Verhaltens- und Erlebensweisen bewirken. Zu den Archetypen oder Urbildern zählt man Raum und Zeit, Gott und Große Mutter, Himmel und Erde, Sonne und Mond, Wasser und Leben.

Den ersten Stock unseres Hauses bilden wir aus Grundvorstellungen, die Menschen aus verschiedenen Kulturkreisen miteinander verbinden, zum Beispiel religiöse Rituale, Gesetzgebungen oder bestimmte Tabus.
Den zweiten Stock unseres Hauses bauen wir mit den Bausteinen, die von allen Mitgliedern eines bestimmten Volkes verwendet werden. Durch gemeinsame Traditionen oder Religion und durch eine gemeinsame Geschichte entwickelt sich ein nationales Bewusstsein. ExpertInnen geben zu bedenken, dass in dieses Stockwerk durchaus Bausteine aus anderen Kulturen oder einem anderen Volk eingefügt werden können. Dem kreativen Prozess der Modifikation sind jedoch Grenzen gesetzt, die beachtet werden müssen. Sollten sie verletzt werden, wird das Gebäude beschädigt. Das ist insbesondere wichtig, wenn wir Elternarbeit mit Immigranten in den Blick nehmen.
Der dritte Stock wird gemeinsam mit der Ursprungsfamilie gebaut. Er bildet sich aus den damit verbundenen Vorstellungen und Werten und der Weltsicht, die aus diesem Beziehungszusammenhang stammt. Bedeutsam an diesem Stockwerk ist die Unveränderlichkeit des biologischen Schicksals. Unabhängig davon, in welche anderen Vorstellungswelten wir hineinwachsen – an der Tatsache unserer Herkunft, daran, wer unsere Eltern und Verwandten sind, können wir nichts verändern.
Der vierte und oberste Stock besteht aus den Bausteinen unserer biografischen Erinnerungen und anderen, ganz individuellen Besonderheiten. Hier können wir maßgeblich entscheiden, aus welchen Erinnerungen wir unser Leben zusammensetzen, in welchen Kontext wir diese Erinnerungen

stellen und welche Bedeutung wir den Ereignissen in unserem Leben beimessen. Wir können beispielsweise voller Bitterkeit an eine verlorene Liebe zurückdenken und uns immer wieder die unangenehmen Eigenschaften der treulosen Person vorsagen – oder aber voller wehmütiger Freude an die schönen Erlebnisse denken.

Das Bild des Gebäudes macht deutlich, durch welche ‚Brille' wir Wirklichkeit wahrnehmen, sie konstruieren und warum alles, was wir mit unseren Sinnen aufnehmen, subjektiv gefärbt verarbeitet wird. Denn unsere Erfahrungen, Wünsche, Überzeugungen oder Stimmungen beeinflussen nicht erst die Interpretation der Wahrnehmung, sondern schon die Wahrnehmung selbst.

Ihr kennt ja alle das Beispiel mit dem Glas, das schon halb leer oder noch halb voll ist. Und das erklärt auch, warum selbst Menschen, die in einer gemeinsamen Familie aufwachsen und durch die unteren Stockwerke eng miteinander verbunden sind, oft sehr unterschiedliche Konstruktionen von Welt vornehmen.

Durch diese Theorie wird verständlich, was uns im Alltag ständig begegnet: die unterschiedliche Wahrnehmung des scheinbar Gleichen und die dadurch bedingten Kommunikationsstörungen. Wir haben vorher schon einige Beispiele besprochen, an denen wir gesehen haben, dass sogar wir im Team unterschiedliche Ansichten haben, trotz gemeinsamer pädagogischer Grundlagen und Ziele. Da ist es klar, dass in Gesprächen mit Eltern solche Unterschiede besonders deutlich werden und es, wie schon gesagt, auch zu Kommunikationsstörungen kommen kann. Darauf werde ich aber erst später ausführlich eingehen.

Erinnern wir uns an das oben erwähnte Beispiel, von dem im Bett liegenden Hans. Jede dieser persönlichen Interpretationen der Situation zieht eine andere Handlungskonsequenz nach sich. Bei der Ansicht, Hans sei erschöpft und ruhebedürftig, wäre mehr Ruhe und eventuell Entlastung von anderen Pflichten angezeigt. Die Meinung, Hans sei faul, würde Maßnah-

men gegen diese Faulheit erfordern. Und bei der Annahme, Hans sei krank, wäre ärztlicher Beistand nötig.

Für unsere Arbeit mit den Kindern und im Dialog mit Eltern ist es wichtig, dass wir uns das bewusst machen. Auch hier gibt es verschiedene Deutungen, warum ein Kind vielleicht nach anfänglicher Begeisterung plötzlich nicht mehr in den Kindergarten gehen will. Für die Erzieherin ist klar, dass die Mutter das Problem ist, weil sie immer so lange bleibt, bis das Kind weint und wieder mit nach Hause will, obwohl es schon gut alleine ins Spiel finden würde. Aus Sicht der Erzieherin muss also die Mutter ihr Verhalten ändern.
Die Mutter jedoch meint, ihr Kind sei im Kindergarten überfordert, weil sich die Erzieherin nicht genügend darum kümmert. Sie bleibt daher etwas länger, damit sie sehen kann, ob ihr Kind gut betreut wird. Ihrer Meinung nach müsste die Erzieherin ihr Verhalten ändern.
Nur wenn sich die Erzieherin auf die Gedanken und Gefühle der Mutter einlassen kann, wird sie erfahren, wie sie die morgendliche Situation interpretiert. Das ist die wichtigste Voraussetzung, um sie in ihren Handlungen zu verstehen und damit beide gemeinsam einen Weg zur Lösung finden.
Das gilt natürlich für alle Eltern und auch für die Kinder. – Doch dass Kinder die Welt anders sehen als wir, ist uns deutlicher bewusst als bei Erwachsenen.

Aus unserem Alltag kennen wir noch viele andere Beispiele: Oft finden wir es unverständlich, dass jemand eine von uns geschätzte Person nicht mag oder andere einen für uns nichtssagenden Menschen attraktiv finden. Auch in der Beobachtung und Beurteilung von Kindern gibt es diese Unterschiede. Wenn ich selbst schwindelfrei in hohe Bäume klettere, werde ich das auch Kindern zutrauen. Bin ich jedoch nicht schwindelfrei und deshalb unsicher, werde ich, aus Sorge, dass sich die Kinder verletzen könnten, das Klettern eher unterbinden.
Wenn wir von einem Gespräch nur Satzfetzen hören, ergänzen wir diese automatisch zu ganzen, sinnvollen Sätzen. Auch hier können wir feststellen, wie unterschiedlich und subjektiv wir reagieren. Beeinflussen wird uns

dabei, was wir über die beiden Gesprächspartner wissen, womit wir innerlich gerade beschäftigt sind oder welche Bedeutung und Erinnerungen wir mit den gehörten Worten verbinden.

Aber jetzt habe ich doch ziemlich weit ausgeholt. Ich hoffe, ihr seid jetzt nicht ganz erschlagen von so viel Theorie. Aber diese Hintergründe sind einfach wichtig. Wir müssen sie verinnerlichen, damit wir im Sinne von Rogers handeln können, uns selbst zurücknehmen und einfühlsam zuhören und beobachten lernen."

Reaktionen im Team

„Ich finde das alles sehr interessant", meldet sich überraschend der eher zurückhaltende Tim als Erster zu Wort. „Ich habe nämlich oft den Eindruck, dass ich viele Dinge ganz anders sehe und verstehe als die Kollegin, mit der ich zusammen arbeite."
„Das würde ich gerne genauer wissen, kannst du das näher beschreiben?", hakt Karin nach.
Bevor Tim jedoch reagieren kann, meint Jasmin: „Vielleicht sollten wir das jetzt nicht vertiefen. Ich zumindest bin ganz schön kaputt und kann nicht mehr allzu viel aufnehmen."
Laura stimmt ihr zu. „Wir müssen nicht alles auf einmal bewältigen. Wir haben uns ja vorgenommen, auch unsere pädagogischen Planungstage für das Thema zu nutzen, und ich hatte im Seminar immerhin eine ganze Woche Zeit für das Thema. Dabei wurde mir eindrücklich vermittelt, wie wirksam es sein kann, die aus der klientenzentrierten Gesprächspsychotherapie abgeleiteten Richtlinien anzuwenden. Es ist mir sehr wichtig, diese an euch weiterzuvermitteln und sie mit euch in Gesprächsvorbereitungen zu üben, und zwar ganz konkret, indem wir im Rollenspiel das bevorstehende Gespräch durchspielen. Dabei werden solche Unterschiede, wie Tim sie beobachten konnte, transparent und wir lernen uns besser kennen. Gleichzeitig üben wir das Gelernte. Könnt ihr euch das vorstellen?"

Fragend schaut Laura ihre Kolleginnen an.

„Ich habe gute Erfahrungen mit Rollenspielen als Vorbereitung gemacht“, bestätigt Jasmin den Vorschlag der Leiterin. „Bevor ich letztes Jahr zum Vorstellungsgespräch hierher kam, habe ich die Situation mit fünf verschiedenen Bekannten durchgespielt und jedes Mal war es anders und mit jedem Mal wurde ich ein wenig sicherer. Ich glaube, dass dieses Vorgehen auch bei Elterngesprächen helfen kann.“

„Ich kann mir das auch gut vorstellen“, meint Tim. „Ich habe ja noch gar keine Erfahrung, und wenn ich zunächst eine von euch als ‚Mutter‘ vor mir habe, bin ich nicht ganz so aufgeregt.“

Auch die anderen äußern sich positiv.

„Gut, dann werden wir das künftig so probieren“, stellt Laura abschließend fest. „Ich denke, für heute haben wir genug geleistet und spät ist es auch geworden. Deshalb schlage ich vor, die Besprechung für heute zu beenden.“

Dem stimmen alle zu. Die Kolleginnen verabschieden sich und gehen nach Hause. Alle sind ziemlich nachdenklich, haben viele neue Anregungen im Kopf und sind gespannt, was sie noch alles hören und erfahren werden.

Praktische Überlegungen zur individuellen Wahrnehmung

Für die nächste Dienstbesprechung hat Laura eine Aufgabe vorbereitet: Sie legt jeder Kollegin eine Fotografie vor. Darauf ist eine Person, eine Frau, abgebildet. Alle sollen – nur anhand dieses Fotos – einen Fragenkatalog beantworten, der die Person charakterisieren soll: Alter, Schulabschluss, Religion, Beruf, Hobbys, Familiensituation und: Welche Art des Umgangs mit anderen Menschen bevorzugt diese Person?

Laura erklärt ihren Kolleginnen: „Ich weiß, dass ihr nur sehr dürftige Angaben habt und für die Beantwortung der Fragen sehr viel Fantasie einsetzen müsst. Aber ich bitte euch trotzdem, mutig zu sein und aufzuschreiben, welche Assoziationen ihr spontan zu der Person habt."

Die Kolleginnen stöhnen zwar, beantworten jedoch alle Fragen gewissenhaft. Alle sind erstaunt, als die Ergebnisse ausgewertet sind:

- Die Schätzung des Alters variierte von Ende zwanzig bis Anfang vierzig.
- Alle vermuteten einen höheren Schulabschluss, weil die Frau ein strenges Kostüm trägt.
- Bis auf Aische gaben alle an, die Frau sei katholisch, da sie eine kleine goldene Kette mit einem Kreuz trägt. Tim ist die Kette zwar nicht aufgefallen, aber er nahm es trotzdem an, „weil sie halt so aussieht". Aische gab einfach „christliche Religion" an.
- Alle waren der Meinung, dass die Frau berufstätig ist. Rita und Karin vermuteten, sie sei Sekretärin. Jasmin und Ulrike gaben an, dass sie wahrscheinlich in einer Bank arbeite. Tim stellte sie sich als Ärztin vor und Aische meinte, sie sei bestimmt Rechtsanwältin.
- Bei den Hobbys gab es sehr unterschiedliche Varianten: Jasmin, Rita und Ulrike gaben Sport an; Jasmin präzisierte ihre Einschätzung mit der Angabe Tennis. Karin vermutete, die Frau koche gern. Tim dachte eher, sie hätte aus Zeitmangel kein Hobby. Aische konnte sich als Hobby Bücherlesen vorstellen.

- Zur Familiensituation gab es wieder mehr Übereinstimmung. Jasmin, Ulrike und Aische dachten, sie könnte verheiratet sein, hätte jedoch keine Kinder. Karin und Rita meinten, sie sei unverheiratet, und Aische nahm an, sie sei geschieden.
- Zur bevorzugten Art des Umgangs mit anderen Menschen? Da waren sich alle einig: streng, verschlossen, distanziert und förmlich.

Vorurteile erschweren die Kommunikation

Laura erklärt: „Dieses kleine Experiment ist für uns sehr wichtig, denn, wenn wir die Kinder und die Eltern in den Blick nehmen, geschieht genau dasselbe. Äußere Eindrücke korrespondieren in unserem Kopf mit Erfahrungen und Erinnerungen, die wir gespeichert haben, und verknüpfen sich automatisch damit. Das hat den Vorteil, dass wir Situationen schnell abschätzen und, ohne groß nachzudenken, richtig reagieren können. Wenn es um Kinder, Eltern und deren Situation geht, sollten wir jedoch wachsam bleiben.
Ich möchte es noch einmal verdeutlichen: Vergegenwärtigen wir uns aus unserem Alltag das Phänomen mit der Unruhe am Montag, das so genannte Montagssyndrom. Montags abends stöhnen wir immer, dass die Kinder so anstrengend waren, und denken – typisch Montag. Dabei bin ich gar nicht sicher, ob die Kinder wirklich anders sind als sonst oder ob nur ich mich nach dem Wochenende wieder auf den Trubel einstellen muss und ihn dienstags schon wieder mehr gewöhnt bin.
Oder die Sache mit den allein Erziehenden. Durch Berichte und Forschungsergebnisse aus früheren Zeiten haben wir gespeichert, dass diese Kinder und ihre Mütter es schwer haben. Dabei gibt es inzwischen viele, die es viel besser auf die Reihe kriegen als andere der so genannten Normalfamilien. Nur nehmen wir das nicht mehr wahr. Es ist, als hätten wir eine ‚Problembrille' auf.
Das geschieht in unserem Erziehungsalltag leider immer wieder. Zu bestimmten Erziehungsfragen bilden sich bestimmte Thesen, die wir ständig hören, die uns auch eingängig erscheinen, denen auch alle in gewisser

Weise zustimmen und die wir dann oft unbemerkt übernehmen und auf Kinder und Eltern ungeprüft übertragen. Jungen sind aktiver und aggressiver, Mädchen eher brav und friedlicher, berufstätige Mütter vernachlässigen ihre Kinder und Hausfrauenmütter können nicht loslassen und neigen dazu, ihre Kinder zu stark zu behüten.
Wenn wir solche Vorurteile oder Klischees im Kopf haben, können wir aber die einfühlsame und akzeptierende Gesprächsführung im Sinne von Rogers kaum noch praktizieren. Die inneren Bilder blockieren uns. Deshalb ist es wichtig, dass wir solchen ‚Alltagstheorien' und ‚Vorurteilen' immer wachsam begegnen!"

Reaktionen im Team

„Und wie können wir das?", will Tim interessiert wissen.
„Zunächst einmal, indem wir uns vergegenwärtigen, wie sie entstehen. Dann müssen wir uns immer wieder kritisch reflektieren", antwortet Laura.
„Und wir sollten uns bemühen, immer beweglich und lernbereit zu bleiben, die aktuelle Diskussion verfolgen, Fachzeitschriften lesen, auf Fortbildungen gehen, uns mit anderen austauschen, also immer über unseren Tellerrand rausgucken, wie man so schön sagt", ergänzt Jasmin.
„Vor allem kritisch bleiben, nicht alles glauben", wirft Rita ein, „und schon auch mal auf der eigenen Meinung beharren. Nicht alles, was neu ist, ist auch gut. – Ich für meinen Teil bin da eher vorsichtig."
„Ja, aber wir müssen das Neue schon auch unvoreingenommen prüfen", bekräftigt Jasmin.
„Zum Beispiel den Umgang mit dir, Tim. Alle haben erwartet, dass du dir den Werkbereich vornimmst, mit den Jungen Fußball spielst und all so was. Dass du jahrelang klassischen Ballettunterricht hattest und nun zu klassischer Musik eine Tanz-AG anbietest, hat nicht nur bei den Eltern Verwunderung ausgelöst", erklärt sie dann mit einem Seitenblick auf Karin.

„Ich gebe zu, da habe ich noch Schwierigkeiten", stimmt Karin ein. „Aber ich arbeite an mir", fügt sie noch an, „auch wenn es nicht einfach ist. Die türkischen Mädchen soll ich gewähren lassen und die deutschen Jungen umerziehen – kein Wunder dass ich nicht mehr mitkomme." Seufzend und theatralisch verdreht sie die Augen und alle müssen lachen.
Bevor die Diskussion lebhafter wird, mischt sich Laura wieder ein: „Was meint ihr, sollen wir an der Stelle weiter diskutieren oder noch ein bisschen Theorie vertiefen?"
„Lieber noch eine Theorie-Einheit", meint Ulrike. „Ich finde es wichtig, dass wir uns noch intensiver damit beschäftigen."
Dem stimmen alle zu und so fährt Laura fort: „In diesem Zusammenhang ist eine weitere These von Rogers wichtig: Die These von der ‚Struktur des Selbst':

Individuelle Persönlichkeit

Neue Eindrücke und Erfahrungen können nur insoweit auf- und angenommen werden, als sie in die Struktur des Selbst integrierbar sind. Erfahrungen, Verhaltensweisen und Haltungen, die zu stark von der subjektiven Erlebniswelt abweichen, werden als fremd und bedrohlich erlebt und abgewehrt.
Wie wir am Bild des Hauses gesehen haben, konstruieren wir unsere Sichtweisen oder Wirklichkeiten, das, was wir wahrnehmen, aus dem, was wir kennen und was uns vertraut ist. Neue Erfahrungen können oft nicht eingeordnet werden. Sie stellen unsere bisherigen Sicherheiten in Frage, bedrohen gar unsere bisherigen Weltbilder.
In diesem Zusammenhang möchte ich einflechten, was ein bekannter Pädagoge, er heißt Brügelmann, herausgefunden und eindrucksvoll beschrieben hat. Er beschäftigt sich mit schulischen Lernschwierigkeiten von Kindern und sagt zum Beispiel: Wenn Eltern oder andere Personen im Umkreis von Kindern die Fähigkeit des Lesens und Schreibens nicht beherrschen, haben die betroffenen Kinder oft Schwierigkeiten beim Lesen- und

Schreibenlernen, weil sie sich durch das Erlernen dieser Fähigkeiten von den Eltern abgrenzen würden. Wenn jene Eltern sich nicht mit voller innerer Überzeugung dafür einsetzen, dass sich ihre Kinder eine Welt aneignen, zu der sie selbst keinen Zugang haben, werden alle Versuche der Kinder selbst oder der LehrerInnen und Erzieherinnen, oft zwar unbewusst, auf jeden Fall aber wirksam bekämpft. Kinder spüren den inneren Widerstand der Eltern, selbst wenn diese sich vielleicht sogar dem Kindergarten oder der Schule gegenüber kooperativ verhalten, und agieren dementsprechend. Damit erfüllen die Kinder die zwar nach außen hin geheime, jedoch wahre innere Erwartung der Eltern.

In einer Gesprächssituation, die im Sinne von Rogers stattfindet, könnte die tatsächliche innere Einstellung der Eltern sichtbar werden, da die Eltern nicht mehr auf den äußeren Erwartungsdruck von Erzieherinnen oder LehrerInnen reagieren müssen. Stattdessen könnten sie ihre Ängste, die Kinder könnten sich für immer von ihnen entfremden, mitteilen und gemeinsam nach einer Lösung aus dem Dilemma suchen, in dem sich ja sowohl Eltern als auch Kinder befinden. Grundvoraussetzung ist jedoch wiederum die Offenheit der Erzieherin, die Entscheidung der Eltern zu akzeptieren, selbst wenn das bedeutet, dass das Kind die Kulturtechniken nicht erlernt und somit im System der Familie bleibt, also eine Art von Familientradition fortsetzt.
Konkret heißt das für alle Gespräche mit Eltern: Wenn wir erreichen wollen, dass Eltern ihr Verhalten oder ihre Einstellung ändern, müssen wir ihr Selbstkonzept besonders berücksichtigen:

Eine Frau will Kinder und Berufstätigkeit unter einen Hut bringen. Gleichzeitig hat sie in ihrem Selbstkonzept die Forderungen verinnerlicht: ‚Ich bin für das Wohl meiner Kinder verantwortlich!', ‚Ich muss immer perfekt sein!' und ‚Was die Familie betrifft, wird nicht mit Außenstehenden diskutiert.' Diese Frau wird wahrscheinlich äußerst abwehrend reagieren, wenn sie von einer Erzieherin auf Probleme angesprochen wird, die ihr Kind betreffen. Gemäß ihrer inneren Vorgabe kann sie Probleme nicht mit Außenstehenden diskutieren.

Wenn wir uns die verschiedenen Kinder unserer Einrichtung und deren Eltern vergegenwärtigen, liegt es auf der Hand, dass sie sehr unterschiedliche ‚Strukturen des Selbst' haben. Schauen wir doch nur mal einige wenige Eltern an:
Welches Selbstkonzept hat wohl die Mutter von Soran und Kaya: allein erziehend, berufstätig, noch zwei Kinder, immer in Eile?
Oder welches Konzept hat Steffens Mutter: verheiratet, ein Kind, nicht berufstätig, aktiv in der Kirchengemeinde und im Elternbeirat?
Und welches hat ihr Mann, der Vater von Steffen, ein erfolgreicher Geschäftsmann?
Diese Frage stellt sich auch für die Eltern von Bahar und ihrer kleinen Schwester. Mutter und Vater sprechen nur wenig deutsch, der Mann ist arbeitslos, die Frau hat eine Putzstelle und ist mit dem dritten Kind schwanger.
Oder der Vater von Marcel: allein erziehend, noch in Ausbildung?
Und wo stehen die Eltern von Katharina, beide halbtags beschäftigt, damit sie sich gleichberechtigt um ihre drei Kinder kümmern können?

Wenn ich mir den Alltag der Familien und ihre Hintergründe und Lebenssituationen vergegenwärtige und dann unsere Ideen, Planungen oder Aktivitäten anschaue, wird mir klar, dass sie darauf ganz verschieden reagieren. Von Freude und Erleichterung bis hin zu Ärger oder auch Angst kann ich mir alle Gefühlsregungen vorstellen."

Reaktionen im Team

„Das verstehe ich jetzt nicht", unterbricht Karin. „Welche Idee von uns könnte solch unterschiedliche Reaktionen auslösen?"
„Erinnere dich doch an die Diskussion, die wir letztes Jahr an Fastnacht hatten, bloß weil wir das Thema ‚Wir gruseln uns im Geisterschloss' gewählt hatten", entgegnet Laura.
Karin nickt nachdenklich. „Du hast Recht, das hat ganz schön Wirbel ausgelöst", bestätigt sie dann.

„Daraus haben sich aber auch viele Gespräche ergeben, die ich sehr gut fand“, wirft Jasmin ein.

„Und der Elternabend zum Thema ‚Kinderängste‘ war so gut besucht wie noch kein themenbezogener Elternabend zuvor“, ergänzt Rita.

„Wenn wir uns an die Situation von damals zurückerinnern, haben wir viele widersprüchliche Reaktionen erlebt. Einige Eltern fanden es gut, dass wir das Thema ‚Kinder und ihre Ängste‘ mit dem lustigen Fastnachtsthema verknüpft haben, andere hatten Sorge, dass genau das erst Ängste bei den Kindern auslösen wird, und einige Eltern wollten aus religiösen Gründen nicht, dass wir Geister und Gespenster ins Gespräch bringen.

Wenn ich mir die unterschiedlichen Eltern so anschaue, die wir haben und die ich oben kurz skizziert habe, ist das sicher, wenn auch weniger spürbar, bei allen Themen und Aktivitäten so.“

Die Kolleginnen schweigen betroffen.

„Im Grunde genommen weiß ich schon, dass wir ganz unterschiedliche Eltern haben“, meint dann Ulrike. „Aber wie verschieden ihr Alltag und ihre dadurch bedingten Sorgen und Nöte sind, mache ich mir eigentlich nicht bewusst.“

„Ich auch nicht“, gibt Karin zu, „aber da werde ich jetzt doch genauer hinschauen. Auch was Frau H. betrifft. Vielleicht bin ich doch ziemlich voreingenommen und ungerecht ihr gegenüber.“

„Das finde ich echt klasse von dir, dass du das so selbstkritisch sagen kannst.“ Jasmin nickt Karin anerkennend und bestätigend zu.

„Ich bin halt doch noch lernfähig“, lacht Karin zurück, „auch wenn es manchmal nicht so rüberkommt.“

„Bedächtigkeit und Vorsicht haben auch ihre Berechtigung“, meint Ulrike. „Wir waren oft froh, dass du etwas Neues erst kritisch hinterfragt hast und wir dadurch alles gründlicher durchdenken mussten.“

„Und wenn es einleuchtend und sinnvoll erschien, hast du ja zugestimmt“, meint Laura.

„Das entspricht eigentlich genau den Thesen von Rogers“, bestätigt Karin. „Die finde ich wirklich zutreffend. – Du wolltest aber vorher noch weiter ausholen?“, fragend schaut sie Laura an.

„Ich denke", führt Laura daraufhin ihren Gedankengang fort, „dass diese Kurzbeschreibungen anschaulich und beispielhaft zeigen, wie verschieden Familien heute sind. Und da liegt es eigentlich klar auf der Hand, dass die eigenen Familiensituationen auch eine Unterschiedlichkeit der Erziehungsansichten und Erziehungsmethoden bedingen. Die allein erziehende, berufstätige Mutter von vier Kindern wird andere Schwerpunkte setzen müssen, als die nicht berufstätige Mutter eines Einzelkindes.
Ich glaube, diese Ausführungen machen deutlich, wie wichtig es ist, den Eltern nichts überzustülpen. Gespräche mit Eltern müssen immer zum Ziel haben, mit ihnen gemeinsam individuelle Lösungen zu erarbeiten – im Dialog mit Eltern eben. Und damit wären wir schon bei der dritten These von Rogers. Können wir die jetzt diskutieren?"

Individuelle Bedürfnisse

Das Verhalten jedes Menschen ist der Versuch, seine Bedürfnisse, wie er sie innerhalb seines subjektiven Bezugsrahmens wahrnimmt, zu befriedigen. Da Menschen sich hinsichtlich ihrer Bedürfnisse beträchtlich voneinander unterscheiden, sind Schwierigkeiten im Umgang miteinander zwangsläufig programmiert. Interessenkonflikte gehören zu den Grundproblemen des menschlichen Daseins und müssen als solche akzeptiert werden. Es macht allerdings einen Unterschied, ob ich das Verhalten eines anderen von vornherein als gegen mich gerichtet interpretiere oder als im Dienste seiner Bedürfnisbefriedigung stehend.

„Diese dritte These möchte ich gerne an einem Beispiel verdeutlichen, das wir alle nur zu gut kennen: Eine Mutter beschwert sich ziemlich aufgebracht, dass ihr Sohn ständig von anderen Kindern geärgert würde und die Erzieherin nicht eingreife und ihn schütze. Die erste – und verständliche – Reaktion der Erzieherin ist wahrscheinlich Ärger. Damit verhindert sie aber, dass sie verständnisvoll auf die Mutter eingehen und gemeinsam mit ihr eine Lösung suchen kann. Deshalb ist es wichtig, dass sich die Erzieherin vergegenwärtigt: Die Mutter hat vorrangig nicht das Bedürfnis, die Erzieherin anzugreifen und zu verletzen, sondern sie ist in Sorge um ihr Kind und will dieses stützen und verteidigen. Aus der Perspektive der Mutter, ihrer Erfahrungs- und Erlebenswelt heraus hat das Verhalten für ihre Bedürfnisbefriedigung einen Sinn. Wenn die Erzieherin allerdings nicht überlegt und souverän reagieren kann, wird das Verhalten der Mutter nicht zum gewünschten Ergebnis führen, sondern zu einem Wortgefecht über Selbstständigkeit von Kindern oder über ähnliche Themen."

Reaktionen im Team

„Das ist ein guter Gedanke", meint Jasmin. „Im Zusammenhang mit den Kindern und deren Verhalten haben wir das ja schon öfter diskutiert und im Grunde trifft das natürlich auch auf die Eltern zu."
„Das habe ich echt noch nicht so deutlich gesehen", meint Rita. „Aber in Zukunft werde ich da auch anders hinschauen und, bevor ich mich aufrege, erst einmal versuchen zu ergründen, welche Motive die Mutter hat."
„– oder der Vater ...", wirft Tim ein.
„... oder der Vater", wiederholt Rita lachend.
„Das ist ein guter Vorsatz", nickt Karin ihr zu, „das nehme ich mir auch vor."
„Schön, dass ihr gleich den Zusammenhang zu der pädagogischen Grundhaltung, die wir uns für den Umgang mit den Kindern erarbeitet haben, sehen könnt. Dann ist es nämlich gar nicht mehr so schwierig, es umzusetzen", meint Laura und fährt fort: „In diesem Zusammenhang möchte ich gleich die nächste These von Rogers erläutern:

Eigenständigkeit und Eigenverantwortung

Ein weiterer zentraler Gedanke ist die Achtung vor der Eigenständigkeit und Eigenverantwortlichkeit des Menschen. Jedes Individuum wird be-

stimmt von der Tendenz zu Wachstum und Selbstverwirklichung, entsprechend seiner Anlagen und Fähigkeiten. In Problem- oder Konfliktsituationen kann den Rat Suchenden deshalb am besten geholfen werden, wenn an dieses grundlegende Potenzial zu selbstbestimmter Entwicklung angeknüpft wird. Es wird davon ausgegangen, dass jeder Mensch den Weg zur Lösung in sich trägt, in bestimmten Situationen jedoch Ermutigung und Unterstützung braucht, um ihn gehen zu können.
Diese These ist besonders wichtig, wenn Eltern uns um Rat fragen oder wir selbst Eltern zum Gespräch bitten, weil wir mit dem Kind nicht mehr weiterwissen. Nach allen Erfahrungen, was die Gesprächsführung betrifft, sind Beeinflussungsversuche in Form von Vorhaltungen, Kritik oder Ratschlägen meist zum Scheitern verurteilt. Wir alle haben schon erlebt, wie schnell Kritik uns und andere in eine Verteidigungs- und Abwehrhaltung drängt und wir Ratschläge nicht umsetzen können bzw. dann auch oft nicht wollen. Genauso geht es auch Eltern. Wenn wir, wie es bisher meist war, Eltern relativ selten zu einem Gespräch bitten, wittern sie Probleme und sind innerlich schon in Habt-Acht-Stellung. Vorschläge von uns werden dann als bedrohlich erlebt und abgewehrt.
Wir müssen uns vergegenwärtigen: Veränderungen kann man nicht erzwingen, sondern nur anregen, indem Bedingungen geschaffen werden, die ermöglichen, dass Eltern sich zu einer Auseinandersetzung mit den eigenen Haltungen, Einstellungen und Sichtweisen bereit erklären. Im Verlauf dieser Auseinandersetzung ist es wichtig, dass die Eltern Lösungen oder Änderungen als ihre eigenen Ideen und Überlegungen ansehen. Sonst werden sie unter Umständen als fremd und bedrohlich empfunden und abgewehrt. Für uns bedeutet das, nur wenn Eltern selbst das Gespräch und die Inhalte mitgestalten, können sie der tatsächlichen Familiensituation angemessen sein.
Erinnern wir uns an das Beispiel mit der Mutter, die sich beschwert, weil sie in Sorge um ihr Kind ist, es beschützen will und von der Erzieherin erwartet, dass sie ihren Erziehungsstil weiterführt. Damit gemeinsam mit der Mutter erarbeitet werden kann – im Sinne eines echten Dialogs, bei dem auch die Sicht der Erzieherin zum Tragen kommt –, wie sich die Erzieherin dem Kind gegenüber zukünftig verhalten wird, ist es wichtig, dass die Mut-

ter zunächst in eben dieser Sorge ernst genommen wird. Im Grunde weiß auch die besorgte Mutter, dass ihr Kind selbstständig werden muss und lernen muss, alleine zurechtzukommen und nicht ständig unter Aufsicht sein kann. Doch solange die Sorge der Mutter überwiegt, kann sie die andere Komponente nicht sehen. Erst wenn sie die Sicherheit hat, dass auch die Erzieherin sich um das Kind sorgt, dass sie es beobachtet, begleitet und stützt, kann sie den anderen Gesichtspunkt zulassen und die Argumente der Erzieherin hören – zum Beispiel dass ihr Kind auch Sozialverhalten lernen muss und konfliktfähig werden soll. Gemeinsam werden Mutter und Erzieherin dann eine Lösung finden."

Reaktionen im Team

Laura fasst zusammen: „Rogers war mit seiner Methode im therapeutischen Gespräch sehr erfolgreich. Kommunikation bzw. Gesprächsführung in unserem Metier hat natürlich nicht den Anspruch, Menschen in so tief greifender Weise zu beeinflussen und zu verändern wie eine Therapie. Aber wir versuchen ebenfalls auf Eltern einzuwirken und möchten durch unsere Elterngespräche überzeugen, Unterstützung und Hilfe gewähren, Probleme und Konflikte lösen.
Es kommt aber noch ein wichtiger Aspekt hinzu, den wir schon angesprochen haben: Unsere Botschaft kommt falsch an. Wir machen vielleicht Eltern gegenüber einmal eine Bemerkung, denken uns nichts weiter dabei und erhalten eine Reaktion, die uns völlig überrascht."
„Da kann ich gleich ein Beispiel anbringen", sagt Jasmin. „Gestern kam ausnahmsweise Herr G. um Chris abzuholen. Ich begrüßte ihn fröhlich und sagte: ‚Ach, wie schön, dass Sie heute einmal Chris abholen.' Da schnauzt der mich an: ‚Wenn ihr nicht schon um vier Uhr Feierabend haben wolltet, könnte ich ihn jeden Tag abholen!', schnappte sich Chris und rannte davon, bevor ich reagieren konnte. Ich war aber auch so perplex, dass mir nichts dazu einfiel."
„Das ist ein gutes Beispiel", bestätigt Laura. „Und die KommunikationsforscherInnen haben auch eine Erklärung dafür. Sie haben he-

rausgefunden, dass wir selbst Botschaften, die wir akustisch korrekt verstehen, völlig unterschiedlich interpretieren können. Es kommt darauf an, ob wir die Nachricht unter dem Beziehungsaspekt betrachten, als Appell auffassen, den reinen Sachinhalt aufnehmen oder annehmen, dass der Sender uns etwas über sich selbst mitteilen möchte.
Was damit gemeint ist, werde ich noch erklären", meint Laura abschließend, „aber heute nicht mehr."
„Du hast Recht, das muss ich jetzt erst einmal alles verdauen", sagt Ulrike. „Ich bin froh, dass wir uns für den Rest deiner Theorien und Erkenntnisse nächste Woche noch einen ganzen Tag vorgenommen haben."
Die anderen stimmen ihr vorbehaltlos zu.
„Damit ich nicht die ganze Theorie referieren muss und noch Zeit für Rollenspiele bleibt, habe ich die nächste Einheit zusammengefasst und kopiert. Ich hoffe, ihr könnt sie bis zum nächsten Mal durcharbeiten?" Fragend blickt Laura in die Runde.
„Ja, das wird schon klappen", meint Rita. „Es ist wirklich wahnsinnig interessant und ich glaube, wir kommen echt weiter."
„Ja, den Eindruck habe ich auch", bestätigt Jasmin. „Mir wird jetzt noch klarer, was mir in der Arbeit mit den Kindern schon immer wichtig war, aber ich hatte bisher keine richtige Begründung dafür."
„Das geht mir auch so", stimmt Ulrike nachdenklich zu. „Intuitiv oder unbewusst habe ich mich eigentlich Eltern gegenüber schon so verhalten, wie Rogers es sagt, ihnen erst einmal zugehört und sie dann auch irgendwie verstanden. Aber oft habe ich mich hinterher geärgert, weil ich mein Anliegen nicht losgeworden bin und sich nichts geändert hat."
„Ein prima Stichwort", meint Laura fröhlich. „Genau darum geht es in der Theorie-Einheit, die ich euch mitgebe. Also dann viel Spaß beim Lesen!"
Laura teilt noch die Kopien aus und dann verabschieden sich alle voneinander.

Anforderungen an die Gesprächsführung

Momo bekam viel Besuch von Leuten, die mit ihr reden wollten. Wer selbst nicht kommen konnte, schickte nach ihr. Wer noch nicht gemerkt hatte, dass er sie brauchte, dem sagten die Leute: „Geh doch zu Momo!"
Aber warum? War Momo vielleicht so unglaublich klug, dass sie jedem Menschen einen guten Rat geben konnte? Fand sie immer die richtigen Worte, wenn jemand Trost brauchte? Konnte sie weise und gerechte Urteile fällen?
Nein, das alles konnte Momo ebenso wenig wie jedes andere Kind. Konnte Momo dann vielleicht irgendetwas, das die Leute in gute Laune versetzte? Konnte sie zum Beispiel besonders schön singen? Oder konnte sie irgendein Instrument spielen? Oder konnte sie – weil sie doch in einer Art Zirkus wohnte – am Ende gar tanzen oder akrobatische Kunststücke vorführen?
Nein, das war es auch nicht.
Konnte sie vielleicht zaubern? Wusste sie irgendeinen geheimnisvollen Spruch, mit dem man alle Sorgen und Nöte vertreiben konnte? Konnte sie aus der Hand lesen oder sonstwie die Zukunft voraussagen?
Nichts von alledem. Was die kleine Momo konnte wie kein anderer, das war: Zuhören. Das ist doch nichts Besonderes, wird nun vielleicht mancher Leser sagen, zuhören kann doch jeder.
Aber das ist ein Irrtum. Wirklich zuhören können nur ganz wenige Menschen. Und so wie Momo sich aufs Zuhören verstand, war es ganz und gar einmalig.
Momo konnte so zuhören, dass dummen Leuten plötzlich sehr gescheite Gedanken kamen. Nicht etwa, weil sie etwas sagte oder fragte, was den anderen auf solche Gedanken brachte, nein, sie saß nur da und hörte einfach zu, mit aller Aufmerksamkeit und aller Anteilnahme. Dabei schaute sie den anderen mit ihren großen, dunklen Augen an, und der Betreffende fühlte, wie in ihm auf einmal Gedanken auftauchten, von denen er nie geahnt hatte, dass sie in ihm steckten.
Sie konnte so zuhören, dass ratlose oder unentschlossene Leute auf einmal ganz genau wussten, was sie wollten. Oder dass Schüchterne sich plötzlich frei und

mutig fühlten. Oder dass Unglückliche und Bedrückte zuversichtlich und froh wurden. Und wenn jemand meinte, sein Leben sei ganz verfehlt und bedeutungslos und er selbst nur irgendeiner unter Millionen, einer, auf den es überhaupt nicht ankommt und der ebenso schnell ersetzt werden kann wie ein kaputter Topf – und er ging hin und erzählte alles das der kleinen Momo, dann wurde ihm, noch während er redete, auf geheimnisvolle Weise klar, dass er sich gründlich irrte, dass es ihn, genauso wie er war, unter allen Menschen nur ein einziges Mal gab und dass er deshalb auf seine besondere Weise für die Welt wichtig war.
So konnte Momo zuhören!

Liebe Kolleginnen!

Ich habe hier zusammengefasst, welche Kriterien aufgrund der Thesen von Rogers, feste Bestandteile einer Gesprächsführungs-Philosophie geworden sind und sich in vielen Lebensbereichen bewährt haben:

- Achtung vor der Andersartigkeit und Individualität jedes Menschen
- der Glaube, dass jeder Mensch die Fähigkeit zur Problemlösung hat
- Zurückhaltung im Bewerten und Beurteilen
- Vermeiden von Beschuldigungen und
- Vorsicht bei Ratschlägen, autoritären Anweisungen und Manipulationen

Innerhalb von Gesprächssituationen ergeben sich für beide Gesprächspartner folgende Idealforderungen:

- Die Bedürfnisse des anderen anerkennen.
- Für die eigenen Bedürfnisse die Verantwortung übernehmen. Nicht erwarten, dass andere unsere Gedanken erraten und unsere unausgesprochenen Bedürfnisse erfüllen.

- Sich bemühen, die subjektive Welt des anderen zu verstehen und seine Einstellungen und Werthaltungen zu begreifen.
- Die eigene Position in klaren Aussagen zum Ausdruck bringen.
- Den anderen respektieren.
- Sich selbst ernst nehmen und die für das eigene Wohlbefinden notwendigen Grenzen ziehen.

Aus diesen Idealforderungen ergeben sich zwei gegensätzliche Forderungen, die in Einklang gebracht werden müssen: Zum einen möchte die aufmerksame Zuhörerin ihr Gegenüber und dessen Sicht der Dinge verstehen, zum anderen möchte sie sich aber auch selbst behaupten. Damit beides erfolgreich in Zusammenhang gebracht werden kann, beschäftigen wir uns weiter mit Erkenntnissen aus der Kommunikationspsychologie:

Kommunikation

Zunächst geht es bei Kommunikation um die Übermittlung von Information: Eine Person A spricht zu Person B, Person B antwortet auf die Äußerung von Person A usw. Diese Äußerungen sind im Grunde zahlreiche Einzelbotschaften, die von der einen Person (Sender) in Sprache gefasst werden (Kodierung) und als Botschaft bei der anderen Person (Empfänger) ankommen. Diese zweite Person B verarbeitet die Botschaft (Dekodierung).
Die Reaktion von Person B ist wiederum eine Einzelbotschaft, die nach demselben Muster verläuft:
Person B (Sender) – Kodierung – Botschaft – Person A (Empfänger) – Dekodierung.
Die Botschaft existiert zuerst nur im Kopf der Person, die sie senden will, und kann eine Nachricht, ein Gefühl, eine Erinnerung oder eine Wahrnehmung sein. Damit die andere Person diese Botschaft verstehen kann, muss der Sender sie dem Empfänger zugänglich machen. In der Regel wird sie in Worte gefasst; in der Fachsprache bezeichnet man das als Verschlüs-

seln oder Kodieren. An das Ohr des Empfängers dringen also akustische Laute, die er nun, um sie über die akustische Wahrnehmung hinaus zu verstehen, seinerseits entschlüsseln und dekodieren muss. Von gelungener Kommunikation kann gesprochen werden, wenn der Eindruck des Empfängers dem Ausdruck des Senders weitgehend gleicht.

Ein Beispiel: Erzieherin A teilt Erzieherin B mit: „Die Mutter von Kevin hat angerufen, sie holt ihn heute schon wieder um 16.00 Uhr ab."

Erzieherin B nickt. Das Nicken von Erzieherin B signalisiert Erzieherin A, dass B ihre Botschaft gehört hat. Wie aber wird sie die Botschaft entschlüsseln?

Das kann Erzieherin A erst erkennen, wenn Erzieherin B antwortet oder handelt. Sie sagt zum Beispiel: „Gut, ich werde es Kevin sagen und es bei der Planung des Nachmittags berücksichtigen."

Dann weiß Erzieherin A, dass Erzieherin B im Sinne der Mitteilung handeln wird. Sie kann aber auch weitergehen, ohne etwas zu sagen. Dann nimmt Erzieherin A entweder an, dass sie handeln wird, oder sie kann, falls sie unsicher ist, nachfragen.

Auf den ersten Blick erscheint die Gleichung ‚Botschaft kodieren und senden – Botschaft empfangen und dekodieren' also einfach. Doch wie das tägliche Miteinander zeigt, geht sie oft nicht auf.

Unsere Kommunikation, das heißt das Sprechen zwischen Menschen, beabsichtigt selbstverständlich ein gegenseitiges Verstehen. Oft erweist sich das als überaus kompliziert.

Nehmen wir noch einmal das Beispiel von vorhin. Erzieherin A teilt Erzieherin B mit, dass Kevin früher abgeholt wird. Erzieherin B nickt und bestätigt, dass das ärgerlich ist. Dann geht sie weiter. Für Erzieherin A ist die Sache damit erledigt, sie geht selbstverständlich davon aus, dass Erzieherin B mit Kevin sprechen und veranlassen wird, dass er um 16.00 Uhr abgeholt werden kann.

Erzieherin B jedoch nimmt die Mitteilung nicht weiter wichtig. Sie nimmt an, dass Erzieherin A die Nachricht auch an Erzieherin C weitergeben wird, die an diesem Nachmittag – wie jeden Mittwoch – mit den Kindern ins Schwimmbad geht und Kevin dann nicht mitnehmen kann.

Wir können uns lebhaft vorstellen, welche Konflikte sich aus dieser kurzen Episode ergeben können. Die Mutter ist verärgert, weil Kevin beim Schwimmen ist und sie ihn nun nicht, wie abgemacht, abholen und ihren Termin einhalten kann. Erzieherin C ist verärgert, weil sie ungerechtfertigt die Vorwürfe der Mutter abbekommt und Erzieherin A kann gar nicht verstehen, warum etwas schief ging, sie hatte Erzieherin B doch informiert. Erzieherin B aber ist sich auch keiner Schuld bewusst. Schließlich konnte sie nicht wissen, dass sie die Information hätte weitergeben sollen. „Das hast du mir nicht gesagt“, wird sie sich empört gegen entsprechende Vorwürfe von Erzieherin A verteidigen.
Jede von uns kennt solche Missverständnise aus eigener Erfahrung: Es gelingt uns nicht, uns für die anderen verständlich auszudrücken oder wir wissen selbst nicht genau, was die andere meinte.
Wie die Beispiele zeigen, liegt der Schlüssel zur Lösung dieser Probleme im Prozess des Kodierens und Dekodierens von Nachrichten.
Um Missverständnissen vorzubeugen, müssen wir überlegen:
Wie können wir uns als Erzieherin beim Senden einer Botschaft konkreter, eindeutiger und verständlicher ausdrücken, damit das, was wir sagen wollen, bei Eltern und Kolleginnen auch ankommt? Wie können wir als Empfängerinnen eine Botschaft richtig entschlüsseln, sodass wir im Gespräch mit Eltern und Kolleginnen besser verstehen, was sie uns mitteilen wollen?

Das Modell des Kommunikationsquadrates

Einen wichtigen Beitrag zur Lösung dieser Fragen hat der Kommunikationsforscher Schulz von Thun geleistet. Er hat die verschiedenen Bestandteile einer Botschaft analysiert und das Modell des so genannten Kommunikationsquadrates erstellt. Dieses Modell besagt, dass jede sprachliche Mitteilung vier Seiten hat:

- Sachinhalt: Worüber informiere ich?
- Selbstoffenbarung: Was gebe ich von mir selbst kund?
- Beziehung: Was halte ich von dir und wie stehen wir zueinander?
- Appell: Wozu möchte ich dich veranlassen?

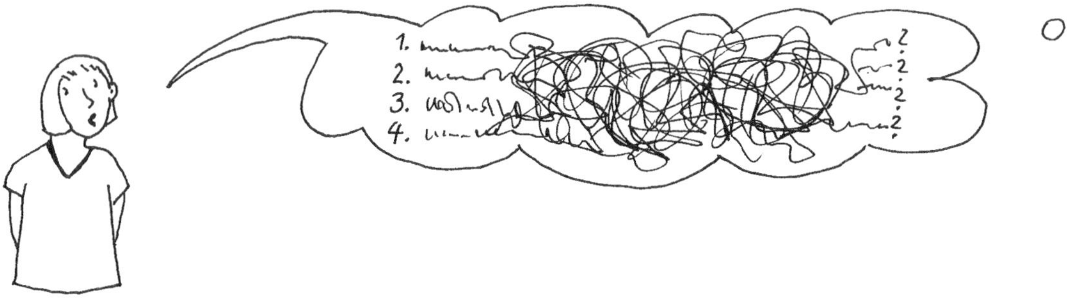

Betrachten wir einmal die oben beschriebene Gesprächssituation unter diesem Aspekt:

Sachinhalt: Erzieherin A teilt objektiv mit: Frau H hat angerufen, Kevin wird heute um 16.00 Uhr abgeholt.

Selbstoffenbarung: Die Erzieherin sagt über sich: Ich habe den Anruf entgegengenommen, fühle mich aber nicht weiter dafür verantwortlich.

Beziehung: Erzieherin A sagt über Erzieherin B: Ich halte dich für verlässlich. Ich bin sicher, dass du alles Nötige veranlassen wird, damit Kevin um 16.00 Uhr abgeholt werden kann. Ich verlasse mich auf dich, ich vertraue dir, ich halte dich für kompetent.

Appell: Erzieherin A fordert Erzieherin B auf: Sage es Kevin! Sorge dafür, dass er nicht mit zum Schwimmen geht! Erinnere ihn kurz vor vier Uhr, dass er abgeholt wird!

Zu einem Missverständnis – wie in der zweiten Schilderung des Beispiels – kommt es, wenn Erzieherin B dagegen folgendermaßen dekodiert:

Sachinhalt: Frau H. hat angerufen. Sie holt Kevin heute um 16.00 Uhr ab.

Selbstoffenbarung: Ich habe den Anruf entgegengenommen. Ich fühle mich verantwortlich. Zudem bin ich verärgert.

Beziehung: Ich habe Vertrauen zu dir und beziehe dich in meine Gedanken mit ein. Ich sage dir, wer angerufen hat und dass ich mich über Frau H. ärgere.

Appell: Hör mir zu! Hilf mir, meinen Ärger loszuwerden!

Da Erzieherin B anders dekodiert, als Erzieherin A erwartet, kommt die Botschaft nicht richtig an.

Nach den Forschungsergebnissen von Schulz von Thun enthält jede Aussage eine Botschaft auf diesen vier Ebenen. Ob es sich um einen Satz, eine Rede, ein Gespräch oder einen Brief handelt, immer bringt eine entsprechende Analyse diese vier Aspekte zum Vorschein.

Die Aspekte können manchmal nur entschlüsselt werden, wenn wir nicht nur auf die verbale Aussage, sondern zusätzlich auf nonverbale Botschaften achten und den Kontext berücksichtigen, in dem ein Gespräch stattfindet. Nur dann können wir die implizite Botschaft, die mit der expliziten Botschaft mitgesendet wird, erkennen.

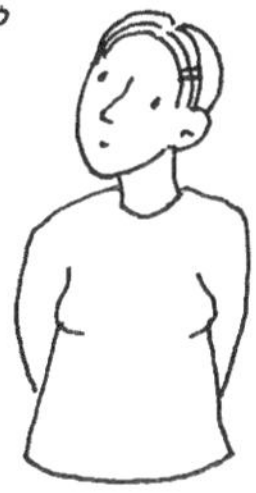

Explizite und implizite Botschaften

In der Regel teilen wir den Aspekt, den wir selbst im Vordergrund sehen, deutlich mit. Schwieriger wird es, wenn wir diesen Aspekt zwar deutlich mitteilen wollen, es aber aus unterschiedlichen Gründen nicht tun. Dadurch kann es zu den beschriebenen Missverständnissen oder zu anderen Komplikationen kommen. In der Fachsprache werden die nicht direkt ausgesprochenen Botschaften als so genannte indirekte oder implizite Botschaften bezeichnet, die meist neben den ausdrücklichen, den expliziten Botschaften übermittelt werden. Bei jeder Aussage, die ein Gegenüber anspricht, sollte also mitbedacht werden, welche implizite Aussage mitschwingen könnte. Im Allgemeinen sagt man dazu auch ‚zwischen den Zeilen lesen'.

Nehmen wir wieder unser Beispiel: Erzieherin A sagt zu Erzieherin B, dass Frau H. angerufen habe, weil sie Kevin heute schon wieder um 16.00 Uhr abholen wird (explizite Botschaft). An dem Zusatz „schon wieder", der ärgerlichen Miene und dem empörten Tonfall erkennt Erzieherin B, dass Erzieherin A sich darüber ärgert (implizite Botschaft).
Es stellt sich nun die Frage, was Erzieherin A mit ihrer Mitteilung beabsichtigt. Möchte sie mit Erzieherin B über die organisatorische Seite der Mitteilung oder über ihre Verärgerung sprechen? Ihre Absicht wird deutlich, wenn der Kontext erweitert wird. In unserem Beispiel könnte der erweiterte Kontext ergeben, dass Erzieherin A sich schon öfter mit Erzieherin B über Frau H. und Kevin unterhalten hat. B weiß deshalb genau, dass Kevin sauer regiert, wenn er wieder nicht zum Schwimmen mitgehen kann. Sie weiß auch, dass A erst einmal ihren Ärger loswerden will, bevor sie zu Kevin geht, um mit ihm den Anruf der Mutter zu diskutieren. Für B ist dadurch klar, welche Absicht hinter der Aussage von A steht.
Oft wird die Absicht einer Aussage erst im weiteren Gesprächsverlauf klar oder durch Nachfragen.
Es ist kein Zufall, dass vor allem Gefühle als implizite Botschaften mitgeteilt werden. Sie werden nur indirekt transportiert, während auf der Sachebene – mit dem konkreten Hinweis auf den objektiven Sachverhalt: Kevin

wird heute früher abgeholt – eine explizite Botschaft gesendet wird. Die anderen Botschaften: Kümmere dich darum! oder: Hör mir zu! werden nicht ausdrücklich formuliert, sondern sind nur indirekt herauszuhören. Aus dem Situationszusammenhang und dem Tonfall der Sprecherin geht jedoch meist hervor, dass genau diese Botschaften das eigentliche Kernstück der Mitteilung sind.
In Situationen, in denen wir Ärger, Unmut, Besorgnis oder Ähnliches empfinden, wählen wir – meist unbewusst – nicht den direkten Weg, sondern verpacken unsere Botschaft in einer Sachaussage. So kommt es, dass die Hauptbotschaft einer Mitteilung nicht ausdrücklich, sondern nur verdeckt und ‚zwischen den Zeilen' auf dem nicht-sprachlichen (nonverbalen) Weg übermittelt wird.
Deshalb sollten wir nicht nur auf die sprachlichen Mitteilungen, sondern auch auf die nicht-sprachlichen Botschaften achten: auf Blickkontakt, Körperhaltung, Gestik, Mimik und auf den Tonfall.

Ein weiteres Beispiel:

Erzieherin A kommt in den Kindergarten. Erzieherin B sagt zu ihr: „Ich konnte heute keinen Tee kochen, es war keiner da."
Was will Erzieherin B damit sagen?
Wir können es nur genauer bestimmen, wenn wir auch die nicht-sprachliche Mitteilung beachten: Ist ihr Tonfall und ihre Mimik entschuldigend oder fragend im Sinne von: „Leider war kein Tee mehr da. Wer hätte ihn eigentlich besorgen sollen?" Vielleicht auch anklagend im Sinne von: „Du hast schon wieder vergessen, Tee zu besorgen, und nun ist keiner da!" oder abwehrend: „Es ist zwar die Aufgabe des Frühdienstes, Tee zu kochen, aber wenn kein Tee da ist, kann ich auch nichts machen. Mich trifft auf jeden Fall keine Schuld!"
Die nonverbale Botschaft signalisiert der Kollegin, dass es nicht nur um eine sachliche Feststellung geht, sondern auch um die Beziehung der beiden. Im ersten Fall möchte Erzieherin B die Beziehung zu Erzieherin A nicht gefährden. Sie entschuldigt sich und will nicht, dass A denkt, sie wäre nachlässig und hätte vergessen, Tee zu kochen. Zudem signalisiert sie, dass sie ihrer Meinung nach beide nicht zuständig dafür waren, den Tee zu besorgen.

Im zweiten Fall nimmt B sich zwar nicht explizit das Recht heraus, A zu tadeln, doch Tonfall und Mimik machen A deutlich, dass B verärgert ist, A die Schuld gibt und sie als unzuverlässig einstuft.
Im dritten Fall versucht B Vorwürfe, die sie wohl erwartet, gleich abzublocken.

Bei der Analyse von Sprachverhalten stellt sich immer die Frage, ob der Sender nicht in der Lage oder nicht willens ist, Botschaften klar und ausdrücklich zu formulieren. Das kann unterschiedliche Gründe haben. Entweder sind wir uns unseres Gefühlszustandes nicht bewusst oder wir wagen es nicht, ihn offen zum Ausdruck zu bringen, weil wir nicht gelernt haben, dass direkte Botschaften ein konstruktives und Konflikte vermeidendes Miteinandersprechen erleichtern.
Halten wir fest: In der Regel sind also keineswegs die Informationen auf der Sachebene die entscheidende Botschaft, sondern die indirekt übermittelten Aussagen über den Gefühlszustand des Senders und die Definition der Beziehung zu seinem Gegenüber. Und genau diesen Teil der Botschaft, selbst wenn er nur indirekt und nonverbal ausgedrückt wird, nimmt die Empfängerin oder der Empfänger vorrangig wahr. Er oder sie wird – ob bewusst oder unbewusst – ausdrücklich oder indirekt, aber im Wesentlichen auf diesen Aspekt reagieren.

Inkongruente Botschaften

Noch komplizierter wird es, wenn die indirekten, nonverbalen Mitteilungen nicht mit der verbalen Botschaft übereinstimmen. Dieses Phänomen bezeichnet man als inkongruente Botschaften.
Erinnern wir uns an Rogers: Wir wollen uns an seine Methode halten und aufmerksam zuhören, ermuntern also unser Gegenüber, in unserem Fall die Mutter, mit Worten wie „Bitte erzählen Sie mir doch genau, wie es war" oder „Das ist ja interessant, das würde ich gerne genauer wissen." Gleichzeitig brechen wir aber den Blickkontakt ab, wenden uns leicht zur Seite und kramen womöglich noch in unserer Tasche nach einem Taschentuch.

Die Mutter wird wahrscheinlich in ihren Schilderungen fortfahren, auf der nonverbalen Ebene aber ihrerseits Signale von Irritation aussenden.
Damit das nicht passiert, sollten wir auch uns selbst wachsam beobachten und ehrlich sagen, wenn wir nicht mehr zuhören können oder etwas nicht verstehen oder nachvollziehen können. Rogers hat nicht umsonst die Echtheit bzw. Kongruenz als dritte und unverzichtbare Säule erfolgreicher Kommunikation bezeichnet.
Damit also eine Kommunikation mit möglichst wenig Missverständnissen gelingt, sollte klar benannt werden, worum es geht – explizite Botschaften gesandt werden. Wenn Gefühle im Spiel sind, sollten diese auch klar ausgesprochen werden.

Ich denke, wenn wir wieder zusammenkommen, kann es ganz interessant werden, selbst auszuprobieren, ob und wie wir implizite Botschaften erkennen bzw. wie wir darauf reagieren. Denn gerade im Umgang mit Eltern ist es oft so, dass sie aus den unterschiedlichsten Gründen heraus nicht explizit formulieren, was sie wollen. Daran sollten wir zukünftig immer denken und versuchen herauszufinden, welche berechtigte Sorge hinter den Forderungen oder Vorwürfen steckt, mit denen wir uns konfrontiert sehen.

Ich hoffe, alles war verständlich und gut nachvollziehbar. Ich freue mich auf jeden Fall schon auf unsere Diskussion beim nächsten Treffen.

Herzliche Grüße!
Laura

Einige Regeln für Elterngespräche

„Ich fände es sehr hilfreich, wenn wir uns abschließend auf Gesprächsregeln einigen, an denen sich zukünftig alle orientieren können. Wir hätten dann ein Gerüst oder auch einen Leitfaden für konkrete Gesprächssituationen. Was meint ihr dazu?“, will Laura von ihren Kolleginnen wissen.

„Das finde ich sehr gut“, antwortet Rita, „das wollte ich ja von Anfang an. Aber ich sehe ein, dass die ganzen Ausführungen und Diskussionen wichtig waren“, fügt sie noch hinzu.

„Ich finde auch, dass wir viel gelernt habe“, bestätigt Ulrike.

„Und ich kann noch besser begründen, wie und warum ich so und nicht anders mit den Kindern umgehe“, meint Jasmin. „Außerdem sehe ich mittlerweile eigentlich auch keinen Unterschied mehr zu dem, was ich von Eltern erwarte bzw. wie ich mit ihnen gemeinsam die Elternarbeit gestalte.“

„Für mich war es auch total interessant“, meint Tim. „Elternarbeit und Elterngespräche waren nur ganz kurz Thema in der Schule und da war der Tenor eher, dass wir gut vorbereitet sein müssen, von unserem Wissen her. Auf unsere Haltung Eltern gegenüber sind sie gar nicht eingegangen.“

Auch Aische äußert sich positiv: „Ich habe noch viel nachgedacht über die Unterschiede, weil ich doch manches anders sehe als ihr und schon dachte, das liegt daran, dass ich Türkin bin. In den Gesprächen wurde mir klar, dass das zwar ein Grund ist, aber Unterschiede gibt es auch zwischen euch, einfach weil ihr verschiedene Temperamente und Ansichten habt. Das hat mit Mut gemacht, mehr zu sagen und zu manchem zu stehen, wo ich vorher dachte, ich müsste mich anpassen.“

„Zum Beispiel, wenn Schwestern ihren Brüdern helfen“, erwidert Rita lächelnd. „Aber da ist das letzte Wort noch nicht gesprochen!“

„Aber wenn noch Worte gewechselt werden, dann bitte nur ‚empathische‘“, fordert Tim und lacht.

„Und echt muss es sein“, kontert Rita, „auf ‚echt‘ liegt die Betonung.“

„Ihr bietet mir ja eine super Überleitung“, mischt sich Laura wieder ins Geschehen. „Greifen wir doch eure Stichworte auf und sammeln weitere. Dann ordnen wir sie und stellen den Leitfaden zusammen.“
Sie steht auf und schreibt die Stichworte, die ihre Kolleginnen nun nennen, auf.

Nach längerer Diskussion haben die Kolleginnen ein Ergebnis, das sich sehen lassen kann:

1. Regel **Wir führen mit allen Eltern regelmäßig Gespräche**

Voraussetzung für gelingende Elterngespräche ist eine Vertrauensbasis zwischen Eltern und Erzieherinnen.

- Wir signalisieren den Eltern, dass wir am Gespräch interessiert sind, indem wir darauf achten, dass auch in den Bring- und Abholzeiten ausreichend Kolleginnen da sind. Dadurch werden kurze Gespräche mit Eltern möglich und die Kinder sind ebenfalls gut betreut.
- Wir achten darauf, dass wir mit allen Eltern regelmäßig kurze Gespräche führen. Zu den Eltern, die selten in die Einrichtung kommen, halten wir telefonisch Kontakt.
- Wir legen für alle Eltern eine Kundenkarte an, auf der wir festhalten, worüber wir gesprochen haben: Urlaubsschilderungen, Familienfeste, Angaben zum Kind, Hobbys, Umgang mit Großeltern usw. Auf diese Weise können wir immer wieder an den Interessen der Eltern anknüpfen.
- Wir lassen hauptsächlich die Eltern reden, uns interessiert ihre Sicht der Dinge. Wir versuchen, uns die Perspektive der Eltern zu vergegenwärtigen, uns in ihre Lage hineinzuversetzen.
- Wir achten auf die ‚vier Aspekte einer Nachricht‘ und versuchen zu ergründen, was die Eltern uns sagen wollen, damit wir angemessen darauf reagieren können. In diesem Zusammenhang achten wir selbst darauf, möglichst deutliche Aussagen zu machen.

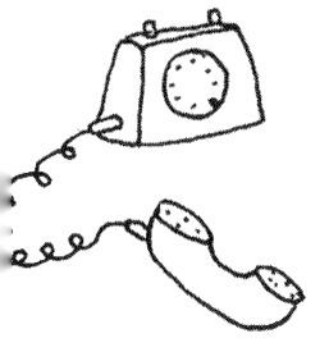

- Gespräche mit Eltern haben Vorrang vor Gesprächen mit Kolleginnen. Deshalb unterbrechen wir Gespräche untereinander, wenn Eltern in die Einrichtung kommen.
- Wir wenden uns den Eltern aufmerksam zu. Wir halten uns an die Regel, bei Elterngesprächen nicht zu stören.

2. Regel **Wir bereiten Gespräche gut vor**

Bezogen auf das Anliegen der Erzieherin bedeutet das:
Ich möchte möglichst klare Botschaften senden, deshalb prüfe ich sorgfältig:

- Wie geht es mir mit dem angesprochenen Thema? Welche Haltung oder Meinung habe ich dazu? Welche Gefühle bewegen mich?
- Welches Anliegen habe ich, welches Ziel strebe ich an?
- Welche Informationen brauche ich noch? (entwicklungspsychologische Aspekte, rechtliche Aspekte o. Ä.)
- Ich bemühe mich, mein Anliegen erst einmal zurückzustellen, damit ich offen sein kann, für die Sicht der Eltern.

Bezogen auf den Raum und die Atmosphäre können wir uns vornehmen:

- Ich sorge für einen Raum, in dem wir ungestört sind und auch nicht durch das Telefon unterbrochen werden.
- Wir setzen uns gemeinsam an einen Tisch. Es hat sich bewährt, ‚über Eck' zu sitzen, so entsteht keine Front.
- Falls mehrere Kolleginnen an dem Gespräch beteiligt sind, werde ich die Eltern vorher darüber informieren.
- Ich heiße die Eltern willkommen, bedanke mich dafür, dass sie sich Zeit genommen haben.
- Ich biete etwas zu Trinken und zum Knabbern an, das lockert die Atmosphäre auf.
- Falls ich mir Notizen machen möchte, sage ich es den Eltern und frage, ob sie das stört. Ich lege Papier und Stifte bereit, damit sich auch die Eltern Notizen machen können.

- Ich weise die Eltern nochmals auf den verabredeten Zeitrahmen hin und vergewissere mich: „Wir hatten vereinbart, dass wir uns bis etwa 18.00 Uhr zusammensetzen. Habe ich das richtig in Erinnerung?“ So können eventuelle Missverständnisse von vornherein ausgeräumt oder Veränderungen besprochen werden.

3. Regel **Wir hören den Eltern zu**

Mich interessiert die Sicht der Eltern:

- *Gesprächsbereitschaft und Geduld:* Ich nehme mir ausreichend Zeit für das Gespräch und lasse mich auf das Tempo der Eltern ein. Ich versuche nicht, das Gespräch voranzutreiben, dränge nicht darauf, endlich auf den Punkt zu kommen, sondern verstehe das Gespräch als Chance, mir über die Situation der Eltern und des Kindes klar zu werden.
- *Vertrauen:* Ich sorge dafür, dass die Gesprächsinhalte von beiden Seiten vertraulich behandelt werden. Ich sage den Eltern, dass Dritte nur mit ihrem Einverständnis von den Gesprächsinhalten erfahren.
- *Wertschätzung und Respekt:* Ich möchte den Eltern vermitteln, dass ich sie als Person schätze und achte und ihre Sichtweisen akzeptiere. Empfindungen und Werte der Eltern messe ich nicht an meinen eigenen Vorstellungen und Normen. Wie auch bei den Kindern problematisiere ich einzelne Verhaltensweisen, nicht die Person als Ganze. Dabei schildere ich Beispiele und zeige meine Sicht bzw. die Sicht des Kindes auf.
- *Einfühlsames Verstehen (Empathie):* Ich interessiere mich für die subjektive Welt der Eltern und zeige Verständnis. Ich versuche, mich in meine GesprächspartnerInnen hineinzuversetzen.
- *Offenheit und Echtheit:* Ich bin ehrlich und offen, bringe auch meine Gedanken und Gefühle zum Ausdruck. Dabei bemühe ich mich um klare Aussagen – beachte die vier Seiten einer Botschaft – und sage deutlich, was ich ansprechen will. Nur dann stimmen verbale Aussage, Mimik und Körperhaltung überein (Kongruenz).

4. Regel **Wir suchen gemeinsame eine Lösung**

Ich bin mir bewusst, dass wir nur gemeinsam eine Lösung für bestehende Probleme finden können. Ich habe Achtung vor der Eigenständigkeit und Selbstverantwortung der Eltern:

- Ich versuche gemeinsam mit den Eltern das Problem zu analysieren und Lösungswege zu finden.
- Ich habe Vertrauen in die Fähigkeit der Eltern, Lösungen zu finden und ihr Verhalten zu ändern. Dazu gebe ich Anregungen und Hinweise, lasse die Verantwortung jedoch bei den Eltern.
- Ich nenne klar, was ich tun kann, zeige aber auch meine Grenze bzw. die Grenzen der Einrichtung auf.
- Bei dem Problemlösungsprozess beachte ich sieben Schritte:
  - *Problemdefinition:* Erzieherin und Eltern versuchen gemeinsam zu beschreiben, wo eigentlich genau das Problem liegt. Dann formulieren sie schriftlich die Definition. Es ist wichtig, dass beide Seiten diese Definition akzeptieren.
  - *Suche nach den Ursachen des Problems:* Hier geht es nicht um eine tief schürfende Analyse, sondern darum, mögliche Auslöser, bestimmte Muster oder auch Verstärker zu erkennen.
  - *Zielbestimmung:* Eltern und Erzieherinnen einigen sich auf realistische und kleine Ziele.
  - *Suche nach denkbaren Lösungswegen:* In einem gemeinsamen Brainstorming – dabei schreiben beide Seiten auf, was ihnen zur Lösung des Problems einfällt, noch völlig ohne Bezug zur Realität – sammeln Eltern und Erzieherinnen Ideen zur Problemlösung. Anschließend diskutieren sie diese und prüfen sie auf Vor- und Nachteile. Dabei haben sie auch eventuelle Umsetzungsschwierigkeiten im Blick.
  - *Auswahl der für beide Seiten besten Alternative:* Aus dem vorangegangenen Punkt ergibt sich eine Rangordnung. Beide Seiten einigen sich auf die voraussichtlich beste Lösung.
  - *Umsetzung der vereinbarten Lösung:* Gemeinsam planen Eltern und Erzieherinnen, wer nach dem Gespräch was unternehmen wird.

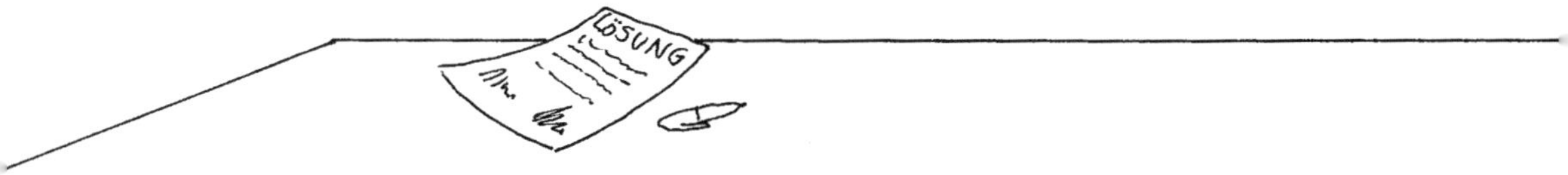

- *Erfolgskontrolle:* Für den angestrebten Lösungsweg wird ein bestimmter Zeitraum ausgemacht. Dann setzen sich Eltern und Erzieherin wieder zusammen und überprüfen, ob das angestrebte Ziel erreicht wurde.
- *Die vereinbarten Schritte werden schriftlich festgehalten:* Es hat sich bewährt, die Aufzeichnungen wie einen Vertrag zu behandeln, das heißt beide Seiten unterschreiben die Vereinbarung.

Weiterführende Literatur

Bachmair, Sabine: *Beraten will gelernt sein.* Beltz Verlag, Weinheim, 1994

Blank, Brigitte / Eder, Elisabeth: *Zusammenarbeit mit Eltern in Kindertageseinrichtungen: Arbeitshilfen für die Praxis.* Carl Link-Verlag, Kronach, 1998

Eppel, Heidi u. a.: *Mit Eltern partnerschaftlich arbeiten. Elternarbeit neu betrachtet.* Herder Verlag, Freiburg, 3. Aufl. 1999

Jansen, Frank / Wenzel, Peter: *Von der Elternarbeit zur Kundenpflege.* Don Bosco Verlag, München, 1999

Leupold, Eva Maria: *Handbuch der Gesprächsführung. Problem- und Konfliktlösung im Kindergarten.* Herder Verlag, Freiburg, 1995

Schulz von Thun, Friedemann: *Miteinander reden.*
Band 1: *Störungen und Klärungen*
Band 2: *Stile, Werte und Persönlichkeitsentwicklung*
Band 3: *Das „innere Team" und situationsgerechte Kommunikation.*
Rowohlt Taschenbuch Verlag, Reinbek, 2001

[Stand: Mai 2001]

Gerlinde Knisel-Scheuring ist Erzieherin und Diplom-Sozialpädagogin. Die langjährige Leiterin eines Kindergartens gestaltete in der evangelischen Erwachsenenbildung auch Seminare zu Themen der Erziehung. Seit Herbst 1999 ist sie Mitarbeiterin des Jugendamtes der Stadt Mannheim und u. a. zuständig für die fachliche Beratung und Begleitung von ErzieherInnen und von städtischen Einrichtungen.